NATIONAL GEOGRAPHIC

NATIONAL GEOGRAPHIC

美国国家地理全球史

埃及帝国

The Egyptian Empire

美国国家地理学会 编著 杨依 译

中国出版集团 现代出版社

目录

插图（第2页） 图坦卡蒙木乃伊安息的第三层内棺，棺身由黄金和珐琅镶裹，外嵌宝石，再现了法老的形象。（开罗 埃及博物馆）

插图（第4—5页） 为法老拉美西斯二世（Ramsès Ⅱ）所造的大神庙塔门夜景，阿布辛贝神庙。（努比亚）

插图（左侧） 法老埃赫纳吞（Akhenaton）像，来自卡纳克的阿吞神庙。（卢克索博物馆）

[1] 古埃及人按照尼罗河走向，将埃及分为上、下埃及，即“黑土地”和“红土地”，合在一起被称为“两土地”，法老被称为“两土地之主”，原文“Deux Terres”直译亦为两土地，也可译为“上下埃及”。——译者注

概　述

由于希克索斯人（Hykos）的入侵，埃及人见识了他们从未见过的动物（例如马）以及军事技术（青铜兵器、轻型战车），在驱逐希克索斯人之后，埃及就此翻开了全新的篇章：新王国时期（le Nouvel Empire）。正是在这一繁盛时期，涌现出了一批闻名天下的法老统治着埃及，如哈特谢普苏特（Hatchepsout），埃赫纳吞（Akhenaton），图坦卡蒙（Toutankhamon）和拉美西斯二世（Ramsès Ⅱ）。

当时，埃及是地中海东部最强大的国家之一。由于埃及与赫梯人（les Hittites）、米坦尼人（les Mitanniens）、亚述人（les Assyriens）以及近东其他民族之间的往来，这些民族的文化经由宗教和手工艺者的传播，对埃及世界产生了诸多影响，为埃及艺术注入了一丝“东方”气息。第 18 王朝的历代法老都致力于扩大埃及在叙利亚–巴勒斯坦地区（syro-palestinien）的政治权力，以及加强自中王国时期（le Moyen Empire）起已对努比亚地区所实施的控制。另一方面，埃及的王后们亦对埃及政局产生了颇为深刻的影响，延续了自第 17 王朝起女性掌握政治权力的传统，这一点从她们的身影在当时的外交信件中频频出现，及不少女性法老的存在（如哈特谢普苏特和奈菲尔塔利）中可见一斑。第 18 王朝的最后两任法老都曾是军队的前任将领，他们指定的继任者拉美西斯一世（Ramsès Ⅰ^{er}）亦是如此。拉美西斯一世开创了一个新王朝，一个由拉美西斯家族统治的王朝。魅力非凡的拉美西斯二世是埃及历代法老中在位时间最长的一位，统治着第 19 王朝。他成功地维持了埃及政治势力在国外的现状，并与其对手赫梯人达成了和平协定。不幸的是，这个王朝并未能存续很长时间，下一个王朝即第 20 王朝，由继承他意志的拉美西斯三世所建立并统治。随后继位的几任君主均无甚建树，未能阻止法老社会的衰落。在第 20 王朝的最后一位法老——拉美西斯十一世去世后，埃及最终陷入了一段以无中央政府为标志的混乱时期，史书上称之为“第三中间期”（Troisième Période intermédiaire）。

插图（第8—9页）　前厅与门廊壁画，拉美西斯二世王后奈菲尔塔利（Néfertari）陵墓，王后谷。

插图（左侧）　浮雕描绘了宴会的场景，维西尔（vizir，相当于宰相、首相）拉莫斯（Ramose）墓，德拉阿布–纳迦（Dra Abou el-Naga）陵墓（底比斯西岸），第18王朝。

阿赫摩斯·梅里塔蒙

（Ahmès-Méritamon）

阿美诺菲斯一世（Aménophis，即阿蒙霍特普一世）的妻子，第18王朝。发现于德尔埃尔-巴哈里（Deir El-Bahari）的彩色木制棺材。

插图（右侧） 秃鹫状黄金项链，奈库贝特（Nekhbet）女神徽章，现陈列于开罗的埃及博物馆。

两土地的国王与王后

在将希克索斯人驱逐出尼罗河流域的过程中，有三位君王做出了重大贡献，他们分别是率领军队一路挺进尼罗河三角洲，围攻希克索斯首都阿瓦利斯（Avaris），在战斗中阵亡的塞肯拉·泰奥（Séqénenrê Taâ）；一直未能攻下阿瓦利斯的卡摩西（Kamôsis），以及取得了最终胜利的阿摩西斯（Amôsis）。三位国王中，塞肯拉和卡摩西是第17王朝的君王，而最后一位君王阿摩西斯则是第18王朝的建立者，拉开了埃及新王国（Nouveau Empire）的序幕。

埃及君主政体因塞肯拉、卡摩西和阿摩西斯统治下不同寻常的双重性而闻名。这种双重性中，一是显性元素——法老（男性），另一则是更为隐秘的存在，即王后（女性）。可以说，三位王族女性——特提舍丽（Tétishéri）、她的女儿安霍特普（Iâhhotep）以及她的孙女阿赫摩斯-奈菲尔塔利（Ahmès Néfertari），形成了一条与男性王朝继承血脉并行的女性继承血脉。

尽管在重新构建这六位王族成员（三位君主和三位王后）之间的实际关系上还存有一些疑问，但他们之间存在血缘家庭关系是毋庸置疑的。直至几年前，我们还认为特提舍丽是塞肯拉·泰奥的母亲，是卡摩西和阿摩西斯的祖母。她的女儿安霍特普在嫁给塞肯拉·泰奥后，生下了阿摩西斯和阿赫摩斯-奈菲尔塔利（阿美诺菲斯一世的母亲）。阿摩西斯与阿赫摩斯-奈菲尔塔利既是兄妹，又是夫妻。不过，根据现存的资料，还有另一种解读方式，即特提舍丽是塞肯拉·泰奥的妻子，卡摩西的母亲，而卡摩西是阿摩西斯的父亲，父子两个人都娶了名为安霍特普的王后。

毫无疑问，“王朝的祖母”特提舍丽的政治影响力因其长寿而得到了加强，因为她曾见证了从塞肯拉到阿摩西斯驱逐希克索斯人的整个过程。在尼罗河流域脱离亚洲的影响后，在底比斯孟图神（Mentou）崇拜的复兴仪式中，特提舍丽开始出现在她的孙子阿摩西斯的身旁。特提舍丽去世后，她的女儿安霍特普由于在其子阿摩西斯未成年时期摄政多年，已有了直接执政的经验，似乎承袭了她所有的政治影响力。轮到安霍特普的女儿阿赫摩斯-奈菲尔塔利时，她不仅仅是王室大妃，还因“阿蒙的第二位先知代言人”“上下埃及的掌舵人”以及“整个两土地的女主人”这些头衔，而手握管理国家的实权。她的长寿使之成为其子阿美诺菲斯一世统治时期的一位重要人物，以至他们两个人都被尊奉为德尔埃尔-梅迪纳（Deir el-Medineh）村庄的守护神，村庄中住的是修建帝王谷王室陵墓的劳工。伴随着她的逝去，那条让特提舍丽在驱逐希克索斯人的过程中发挥重要作用，让安霍特普能够在国家统一后，在王国政治重组中占据一席之地，以及让阿赫摩斯-奈菲尔塔利通过重建国家宗教信仰来巩固这些成果的女性血脉也断绝了。不久之后，埃及又将迎来一位女王，她会成为其祖先当之无愧的继承人——哈特谢普苏特。

第 18 王朝的开端

在“凯旋”底比斯后，卡摩西骤然离世，阿摩西斯继位。令人惊讶的是，对于希克索斯人的最后一次进攻，竟然是在阿摩西斯 25 年执政生涯中最后三分之一的时间里才发动的。从逻辑上来讲，战争本应一鼓作气，在对方士气低落之时彻底消灭敌人，而非仅仅是削弱他们。然而由于新君的年龄尚小，他在登上王位时可能年仅 5 岁，阻碍了这一战略的实施。

因此，在这段时间里，年幼国王的母亲安霍特普统治着尼罗河流域，直至其子成年。从专家在她的棺椁中发现陪葬的武器，并且在她的木乃伊中找到了金蝇（一种荣誉勋章）可以看出，安霍特普在摄政期间取得了了不起的成就。在卡纳克神庙留下的铭文中，国王赞美了母亲的功绩，称“（她）主持宗教仪式，并打理照料埃及”，并补充道，“她知道如何组建军队，用以镇压叛军的抵抗，平定整个上埃及”。

从阿摩西斯在阿拜多斯为其祖母建造的宏伟墓葬建筑群中同样可以看出，在他的统治时期王族女性的政治影响力。这片墓葬建筑群由一座小型金字塔、两座神庙、一座地下陵墓和一块纪念碑组成，沿一条直线横贯

第 18 王朝的法老年表

公元前 1550 年—公元前 1525 年
阿摩西斯 Amôsis

公元前 1525 年—公元前 1504 年
阿美诺菲斯一世 Aménophis Ier

公元前 1504 年—公元前 1492 年
图特摩斯一世 Thoutmôsis Ier

公元前 1492 年—公元前 1479 年
图特摩斯二世 Thoutmôsis II

公元前 1479 年—公元前 1457 年
哈特谢普苏特 Hatchepsout（玛特卡拉，Maâtkaré）

公元前 1479 年—公元前 1425 年
图特摩斯三世 Thoutmôsis III

公元前 1425 年—公元前 1400 年
阿美诺菲斯二世 Aménophis II

公元前 1400 年—公元前 1390 年
图特摩斯四世 Thoutmôsis IV

公元前 1390 年—公元前 1352 年
阿美诺菲斯三世 Aménophis III

公元前 1352 年—公元前 1336 年
阿美诺菲斯四世 Aménophis IV（埃赫纳吞，Akhenaton）

公元前 1338 年—公元前 1336 年
内芙尔娜芙鲁阿吞 Néfernéferouaton

公元前 1336 年—公元前 1327 年
图坦卡蒙 Toutankhamon

公元前 1327 年—公元前 1323 年
阿伊 Aÿ

公元前 1323 年—公元前 1295 年
霍伦希布 Horemheb

古埃及的军功勋章

按照惯例，部分在战斗中缴获的战利品会赏赐给士兵，作为奖励。有时，士兵们会被允许领走战俘（无论男女），作为他们的奴隶。除此之外，在这一时代末期，赏赐土地也成为一种常见的奖励手段。一些功勋突出的士兵还会得到一枚勋章，作为额外嘉奖。

只有那些在战场上最英勇、在战斗中因坚毅勇猛脱颖而出的士兵，才能获得丰厚的奖励。法老会亲自在“圣灵之窗”的观礼台上，授予勇敢的士兵们一枚象征荣耀的勋章。“奖赏黄金”便是荣耀勋章中的一种，它是一条由多层金串珠组成的项链。而另一种重要的军功勋章则是金苍蝇勋章（如下图所示，出自德拉阿布-纳迦的安霍特普王后墓，现藏于开罗的埃及博物馆），用以表彰那些像苍蝇一样无情攻击敌人的士兵。

阿赫摩斯-奈菲尔塔利

在右上方的浮雕中，描绘的是第 18 王朝早期女性王室血脉中最具代表性的人物之一阿赫摩斯-奈菲尔塔利，陪伴在该王朝首位法老阿美诺菲斯一世身边的场景。（开罗　埃及博物馆）

1.4 千米的沙漠。根据我们所能读到的文献所述，王室夫妇经过了长期争论后才建造出这片陵墓。由于年纪所限，在阿摩西斯统治的最初几年里，埃及一片祥和，国王致力于巩固尼罗河流域的管理与政治。由于卡摩西重新夺回了上埃及和下努比亚，因此，简单地由底比斯王子们担任官吏的行政架构（最终改成以行省为单位）必须有所扩大和调整。不过，没人能够料到，这种模式会在数年间变得如此强大，以至令国王成功地控制了整个帝国——从努比亚直至腓尼基

海岸。

关于埃及对希克索斯人发动的最后一次进攻（将希克索斯人驱逐出境，标志着埃及帝国在迦南的土地上初露端倪）的信息，并非来源于王室文献，而是来自两位职业军官陵墓中的自传体铭文，其中记载了他们所参与的行动。两个人为伊巴拉（Abana）之子阿赫摩斯（Ahmès）和阿赫摩斯·彭-涅克赫别特（Ahmès Pen-Nekhbet），均葬于埃尔卡布（El-Kâb）。前者曾在阿赫摩斯、阿美诺菲斯一世以及图特摩斯一世（Thoutmôsis Ier）麾下效力，并继承了曾与塞肯拉并肩作战的父亲的海军总领头衔。而阿赫摩斯·彭-涅克赫别特在阿摩西斯的领导下战斗，直至图特摩斯三世的统治时期。多亏了他们的铭文，我们才知道在驱逐希克索斯人的最终战役中，第一步是征服孟菲斯（Memphis），然后在随后的几个月内，征服赫利奥波里斯（Héliopolis）和特迦鲁（Tjarou）（西里 Silé）。当时，伊巴拉之子阿赫摩斯尝试了一种全新的策略，即士兵在陆上行军，而指挥官在船上跟随。[2] 这一策略令埃及人成功围攻并掠夺了阿瓦利斯。希克索斯人随后逃离埃及，在迦南海岸边的城市沙鲁亨（Sharouhen）避难，法老在阿赫摩斯·彭-涅克赫别特及其他人的陪同下乘胜追击。这座城市被围了三年才最终陷落。

在新一轮的追捕下，希克索斯人继续向南逃窜，以躲避埃及军队的围捕和驱赶。对他们穷追不舍的埃及军队忙于将他们彻底击溃，一路追至腓尼基人的土地，即当时的叙利亚-巴勒斯坦北部边境。

几个世纪过去了，法老在这片地区的政治与军事影响力依旧没有消散。

阿美诺菲斯一世

在王位上统治了四分之一个世纪后，阿摩西斯与世长辞，由他与阿赫摩斯-奈菲尔塔利结合后所生的小儿子阿美诺菲斯一世继承王位。这位指定继任者在登基前5年，还被称为阿赫莫塞-安赫（Ahmosé-Ânkh）王子，可见这位埃及君主在加冕时很有可能还是个未成年人。不过，也不能完全排除阿赫摩斯-奈菲尔塔利与阿美诺菲斯一世共同执政了数年的可能性。

随着希克索斯人问题的解决，法老的军队似乎已经放弃了迦南的土地，因为我们并没有发现有关阿美诺菲斯一世对亚洲发起军事远征的可靠信息。另一方面，我们在努比亚所掌握的证据中发现，埃尔卡布的两位阿赫摩斯都曾参与其中。很显然，

[2] 一种半海战策略，当时埃及没有发展出专门的海战技术，通常是士兵在陆上作战，战船跟随，提供补给和弓箭手。——译者注

他们的军事实力使他们有幸成为埃及君主的随从，亲身参与抵抗库什（Koush）王国的战役。库什，是一片在名为杜雷（Tourê）的总督领导下的领土。事实上，在伊巴拉之子阿赫摩斯的自传中讲述了国王将敌人杀死，并追赶他们直至内陆高地的一口竖井，他还骄傲地宣称自己因为行军速度极快，仅仅用了两天时间就把国王从库什送回尼罗河流域，因而获得了金子作为奖赏。

在卡摩西征服的基础上，阿美诺菲斯一世在其统治的第八九年期间，将埃及的疆域范围扩大到了努比亚第四瀑布。毫无疑问，这次的国家领土扩张对埃及经济来说是一笔不可忽视的横财，因为新收获领土以贵金属及其他当地特产缴纳的新贡品，挽救了埃及的财政。

依托 20 年的繁荣统治，阿美诺菲斯一世得以展开密集施工，这一点从建筑遗址以及一些重新投入使用的采石场和矿山铭文中可见一斑。这项工程中涉及最远的是西奈半岛（Sinaï）上的迈加拉-哈迪姆（Serabit el-Khadim）绿松石矿，被用来扩建哈索尔（Hathor）神庙。在中埃及，法老重新开启了哈特努布 [Hatnoub，在米尼亚（Minieh）地区] 和布斯拉 [Bosra，亚西乌特（Assiout）附近] 的矿山。在上埃及，他对杰贝勒-西尔西拉（Gebel Silsileh）的砂岩采石场颇感兴趣，我们在卡纳克神庙中的大部分建筑中都发现了这种石块。一位名叫伊内尼（Inéni）的宫廷建筑师，正如他自己在墓墙上告诉我们的那样，负责监督国王在底比斯地区的所有工程。阿美诺菲斯一世在卡纳克神庙完成了无数工程，然而几年后，为了获取更多空间，图特摩斯三世和阿美诺菲斯三世毁掉了他的杰作，以期扩建他们自己的陵墓。那些拆卸下来的珍贵石料被再度利用，用来填补塔门，如今，其中一部分石料成功在卡纳克露天博物馆中进行了复原。

同样还是伊内尼，他用一种诗意的方式，让我们从他的墓中了解到他曾在阿美诺菲斯一世时期担任王室的建筑师。要是如第 20 王朝的阿伯特（Abott）莎草纸上所写的那样，阿美诺菲斯一世的陵墓“完好无损”，那就意味着他的陵墓和阿摩西

德尔埃尔-梅迪纳：一座专为工人保留的城市

当新王国时期的法老们决定在尼罗河西岸的底比斯附近修建他们的陵墓时，他们便需要大量工匠。来自德尔埃尔-梅迪纳的能工巧匠便组成了“真理之地”（王室陵墓）的仆人群体。

德尔埃尔-梅迪纳遗址是提供埃及村庄日常生活重要信息的来源。在遗址中发现了数不胜数的莎草纸和陶片残片，用来画草图的石灰石板（如下页的舞者，展出于都灵的埃及博物馆）。工人们被分成两个小组，每组由一位官员负责。左侧所展示的拉莫斯雕像就是在这座村庄中发掘出的，现存于卢浮宫。工人们每次会在王室陵墓中劳作10天，在此期间，他们都睡在陵墓附近的小屋中。由于第三中间期时都城北迁，这个村庄便被废弃了。

斯的陵墓一样，至今尚未被发现。不过，在19世纪末，专家曾在德尔埃尔-巴哈里神庙隐藏之所中发现了一批木乃伊，其中可能就有这两位法老（尚未确定木乃伊身份）。

在阿美诺菲斯一世统治末期，第18王朝政府的特征已初现雏形了。首先，王室家族依旧保持着紧密的联系，形成王权核心。这有效地避免了因王位继承而带来的潜在内部争斗，但也面临着一种风险——考虑到那个时代婴儿的死亡率很高，国王去世后没有男性后嗣继承的情况很容易发生。我们

❶ **德尔埃尔-梅迪纳的城市规划** 一条主干道将城市一分为二。所有的房子几乎都是一模一样的，都建在石板和土坯之上。

❷ **围墙** 为了划定村庄的边界，保护房屋，人们在村庄周围竖起了一堵土坯围墙，墙内壁被漆成白色，高达1米。

❸ **白色小路** 围墙的外面是一条直通山脉的小路，把村庄和国王谷连接起来。

❹ **哈索尔的祭庙** 在托勒密四世（Ptolémée Ⅳ）统治时期，修建了一座带围墙的石庙，献给女神哈索尔。

还能看到，当时在获取新资源的动力驱使下，以牺牲“倒霉的努比亚人”为代价，埃及向南扩张的意愿强烈，这种对征服的渴望迅速蔓延至叙利亚-巴勒斯坦地区。除此之外，埃及行政机构中的高级职位主要由新王室血统起源地［如埃德福（Edfou），埃尔卡布和底比斯］的知名家族成员来担任。最后，在第12王朝末，本为底比斯这一地方神祇的阿蒙神，成了整个埃及普遍信奉的神祇。

古埃及的自然资源：矿产

早在前几个王朝时期，埃及人就已经在开采国土上的矿产资源了。除了在埃及领土上能发现的资源外，他们还开发了努比亚赫西奈半岛上的矿产。采石场和露天矿场为埃及提供了满足其需求的必要原材料。

从矿场中开采出的资源有着各种各样的用途。黄金是最令人垂涎的贵金属，因为它被用来为最富有的人打造珠宝首饰和墓葬中的家具，还可以用来制作献给神明的雕像。它主要来自科普托特（Copots）和努比亚地区。绿松石也被用于制作珠宝，它最重要的矿藏位于西奈地区。图拉（Tourah）采石场出产的石灰岩则用于建筑。雪花石膏是一种易于雕刻的石材，特别适合用于制作陶器，主要产自哈特努布的采石场。西奈地区盛产的铜，常用于制作武器和锋利的器物。可惜的是，由于银矿和锡矿的匮乏，埃及不得不依靠外贸来获得这些资源，因此对于埃及来说，它们才是真正的贵金属。

图特摩斯一世

埃及政府以王室家族为核心，在维持王权上可能会遭遇的困难，很快就得到了验证：阿美诺菲斯一世英年早逝，没有留下任何后裔。王室大妃梅里塔蒙从未被称为“国王之母”，相反，我们发现这一头衔与图特摩斯一世的母亲希奈特夫人（dame Séniséneb）有关，尽管事实上她从未被称为“国王之妻”。我们至今仍不知新统治者的父亲是谁，也不知道他的妻子阿赫摩斯（Ahmès）的身份。他的妻子可能是一位王室成员，因此，第 18 王朝创始人的血脉并没有很快消失。不过，前王后阿赫摩斯–奈菲尔塔利很可能在选择新任君主上发挥了决定性的作用，哈尔法旱谷（Ouadi Halfa）（努比亚）的一块石碑证实了这一点，石碑上描画了新王室夫妇的加冕典礼，以及在典礼上前王后阿赫摩斯–奈菲尔塔利站立在两个人身旁的情景。这位王太后拥有巨大的政治威望，无疑在将权力交给图特摩斯一世时起到决定性的作用；不过这位新君在年仅 12 岁时，就证明了自己是王位当之无愧的继承人。

图特摩斯一世新君加冕仅 7 个月后，做的第一件事情就是向南派出军队，再次将努比亚收复于埃及的统治之下。这场战役组织得当：库什王国的总督奉命清空并恢复小运河的航道，方便船只避开第一瀑布。同样地，还是伊巴拉之子阿赫摩斯和阿赫摩斯·彭–涅克赫别特的自传告诉我们，这场战役一直打到了第四瀑布。战争的成果非常惊人。埃及人获得了绝对的胜利，图特摩斯一世亲手用箭射杀了叛军的国王。他带着那个胆敢反抗他的可怜虫的尸体回到埃及，并把他的头颅倒吊在船头之上。

在努比亚大获全胜的鼓舞下，图特摩斯一世决定组织一场远征，越过埃及北部边界，率军直抵叙利亚–巴勒斯坦地区。关于这次远征，我们唯一的信息来源于两位埃尔卡布的阿赫摩斯的自传，以及后来图特摩斯三世的自述，他声称，他的祖父几年前曾在米坦尼（Mitanni）纳哈林（Naharina）地区雕刻了一块石碑，而他在这块石碑附近也留下了一块。米坦尼王国对巴勒斯坦地区的影响，可能削弱了埃及在这些土地上的统治，或许这便是法老进攻该地区的原因。这是一次短暂的远征，在此期间，埃及人向米坦尼王国的附庸国发动的更多是小规模的战役，而非大规模的战争。

图特摩斯二世

图特摩斯一世之后，他的两个后嗣结成了夫妻，共同登上权力宝座：图特摩斯二世和哈特谢普苏特。前者是法老的妃子姆特诺弗雷特（Noutnofret）所生，而后者是正妻阿赫摩斯所生，在她的祖母阿赫摩斯-奈菲尔塔利去世后，继承了“阿蒙神之妻”的头衔。哈特谢普苏特比自己同父异母的弟弟年长几岁，由于她所担任的宗教职能，所以在那条自第17王朝源起于特提舍丽的王室重要女性血脉中，她排名第二。无论是在身体上还是在政治上，哈特谢普苏特都比即将成为埃及新国王的那个十几岁的孩子更具影响力。

图特摩斯二世在很小的时候就被加冕为王，但在他的统治中，第一个未解之谜就是他的在位时间可能非常短。我们今天只能确定追溯到他在位第一年的纪念碑铭文，不过由于没有更多的辅助材料佐证，所以我们遵循传统，认为他在位时间为十几年。如果图特摩斯二世的确只在位一年（如果有新的考古发现能够证明这一点），那么无论在建筑上，还是在军事上，他都没有时间完成什么了不起的功绩。在子嗣繁衍方面，他与哈特谢普苏特和妃子伊西斯（Isis）都成功地诞下了后嗣。前者为他生了一个女儿尼斐鲁拉（Néféourê），而后者生了一个儿子，即未来的图特摩斯三世。

就外交政策而言，图特摩斯二世仅在菲莱岛（île de Philae）的一块碑上留下了唯一一条附注。附注内容是关于一次由国王组织但并未参与指挥的远征，目的是征服第二瀑布以南的努比亚人。在图特摩斯一世曾打败的库什国王继承人的挑唆下，一位下努比亚首领带领努比亚人越过边境，屠杀埃及人，并偷走他们的家畜。法老的雷霆反击顷刻而至，杀死了叛军中几乎所有的男性，仅有一位王子幸免于难。势

伊美内米尼特（Imenemipet）石棺（第25页）

阿美诺菲斯的祭司，死后被法老奉若神明，在德尔埃尔-梅迪纳举行对他的崇拜仪式。

在这个净化仪式现场，法老接受阿努比斯（Anubis）神和玛阿特（Maât）神的“洗礼”。（巴黎 卢浮宫博物馆）

不可当的阿赫摩斯·彭-涅克赫别特参与了这场战役，并大获全胜。从埃及轻松获胜可以看出，这只是一场规模较小的战役。

虽然图特摩斯二世的名字出现在众多建筑之上，但实际上它们只是后来补刻在他的妻子哈特谢普苏特的名字之上：一种将她从历史长河之中抹去的方法。这是图特摩斯二世对接替他登上王位者施行除忆诅咒（damnatio memoriae）的一个表现。尽管

他的统治时间短暂，但他在卡纳克、努比亚和象岛（île d'Éléphantine）的各种纪念碑上都留下了自己的印记。

图特摩斯二世与圣船

图为哈特谢普苏特红色礼拜堂的浮雕。浮雕上描绘了图特摩斯二世划着圣船，运送一座供奉着阿蒙神雕像的神殿的场景。与埃及众神一样，只有在举行宗教仪式时，这种神圣的形象才会展现在信徒面前。

档案：底比斯的陵墓

在卡纳克与卢克索对面、尼罗河彼岸的底比斯山脉上，遍布着伟大的法老与王后永久长眠的地下陵墓中装饰的华丽浮雕和精美绘画。

在第11王朝的统治时期，由于孟菲斯遭到毁坏，底比斯顺理成章地成了上下埃及的都城。早在一个王朝前，作为都城的底比斯已经目睹了埃

图特摩斯一世，开创者

他可能是第一个葬入帝王谷的国王。虽然他的木乃伊尚未确认，但他与女儿合葬的陵墓已经被发掘出来（KV20号墓）。

插图 法老的黑色花岗岩雕像。（都灵 埃及博物馆）

埋葬国王的天然金字塔

新王国时期的法老们已经开始葬入帝王谷中，以便将他们的祭庙（建在沙漠边缘的百万年神殿[3]）与陵墓分开，迷惑盗墓贼。不过，他们还没有放弃用来保护自己、方便升入天空与拉神同在的金字塔形式，因为法老们被葬在了一座天然金字塔形的山峰——埃尔-库尔恩峰（El-Qurn）(或 La Cime，意为"山顶")的山脚下。

及统一势头的初显。这一势头发展为希克索斯人被驱逐出尼罗河流域，埃及成功实现了国家的再次统一。埃及君主制王朝的起源与这座城市密不可分，作为一种认可，法老们选择在这里修建陵墓，在此处永恒地安息。

作为行善之人，王室成员已然进入来世的西岸（死者之地），而如今大臣们也加入了他们的行列。他们被制成木乃伊后，葬在主人陵墓的附近，陪伴着主人安息在一个与世隔绝的旱谷中，即如今闻名天下的帝王谷。因此，随着时间的推移，帝王谷中形成了若干墓葬区，互不相同，但彼此相近[如古尔内·马赫埃伊（Gournet Mar'eï），切克·阿布德·古尔纳（Cheik Abd al-Gournah），埃尔-阿萨西夫

[3] 百万年神庙，原文为"le temple des millions d'années"。——译者注

埃及王室陵墓

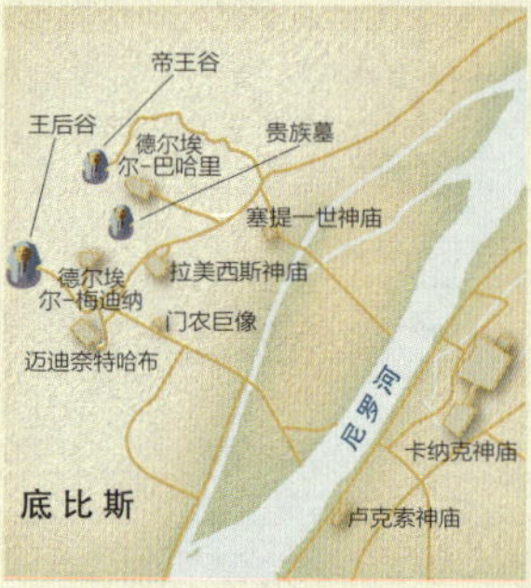

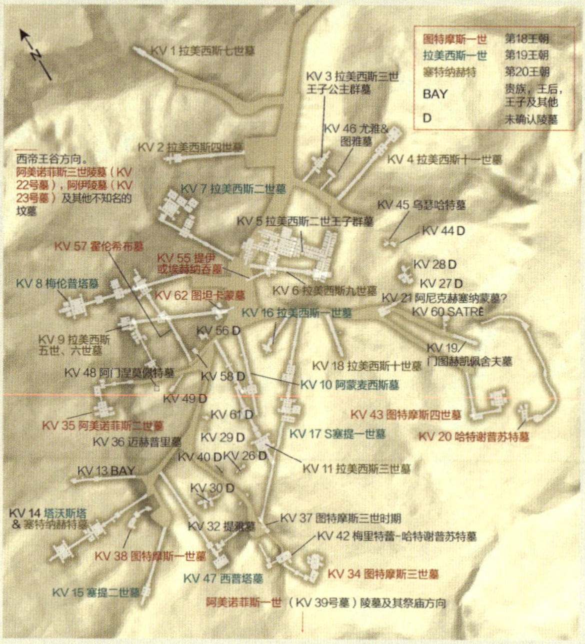

比班埃尔-穆鲁克（Bibān al-Mulūk Biban al-Muluk），“国王谷之门”，是底比斯大道的阿拉伯语，如今这里被称为“帝王谷”，是新王国时期法老们的安葬之地。最早在该地区进行考古发掘的是理查德·波寇克（Richard Pococke）（18 世纪），在他之后，所有最伟大的埃及学家都沿着他的足迹探索帝王谷，从贝尔佐尼（Belzoni）到卡特（Carter）和莱普修斯（Lepsuis），甚至是商博良（Champollion）。

（El-Assasif），埃尔-霍卡（El-Khokha），德拉阿布-纳迦（Dra Abou el-Naga）等]。最终将西岸的山脉变成了一座由类型、大小不一的陵墓组成的真正迷宫。

虽然其中一些已知陵墓可追溯到古王国时期（大约有六座），但实际上，帝王谷西岸地下陵墓的开凿时间是从中王国时期开始的。正是在这一时期，出现了一种非常特殊的新型王室墓葬——凿岩陵墓 saff（阿拉伯名，意为“行”或“多门”，精准地描述了这种建筑的主要特征），其主要特点是在山丘的斜坡上开凿一座庭院，由一堵堵围墙划定边界，陵墓位于天井的最西端。墓中包含一系列在岩壁表面切割出的梁柱，正面以多门装饰。梁柱后是一条简单的走廊，没有装饰，通向若干间小室，墓葬井就隐藏在其中一间内。这种倒置 T 形墓，成了新王国时期标准陵墓制式的基础。今天在底比斯西岸山丘中发现的大部分地下陵墓都是这种结构，尽管也存在着一些变化。

地下陵墓结构

在新王国时期，一位底比斯贵族（比如哈特谢普苏特女王的财政大臣）通常会建造一座具有如下结构的坟墓。首先，从一座与墓穴正面等宽的外部庭院进入，不同墓穴正面的长度可能差别很大。在地下陵墓的正面，有一个用来保存雕像的壁龛以及两块石碑，一块写有死者的生平事迹，另一块上刻有宗教赞美诗。墓穴入口通向一条与其正面平行的横向走廊。在入口中轴线的中间是第二条走廊，与第一条走廊垂直，直通祭堂。在这间墓室中，背对墓墙，朝门口望去，矗立着一座死者的雕像，通常会有一至两位直系亲属（父亲、妻子或孩子）的雕像陪伴在侧。与我们所认为的不同，墓主人的木乃伊并非是在这间墓室中安息。在墓穴地板上的某个地方，总会发现一口长方形的竖井（刚好与棺椁大小一致），它才是真正地下陵墓的入口。这种墓穴有时可深达 10 米。在这些布满壁画的长廊深处，有一面内壁通向一间陈放墓主人棺椁和陪葬品的墓室。尽管在一些已知的陵墓中也有这种装饰华丽的墓室，但它们非常少见。与墓室中的其他墙壁不同，这种装饰墓室的墙壁上几乎布满了彩绘壁画或雕刻。

坟墓分为上、中、下三层，中间一层对来访者开放。不仅仅是死者家人，任何希望向死者表示敬意的人，都可以进入这个区域。葬礼当天，也是在这个地方，举行能让死者在来世充分享受生活的仪式和典礼。祭堂的内部象征着生者与亡者世界的交汇点，而坟墓的底层对应的便是亡灵世界：竖井深处的墓室，位于奥西里斯神统治的杜亚特 Douât（“来世”）。与之相反，第三层或“上层”，是指位于墓室正面上方的上部建筑结构，在新王国末期，这一结构最终演变成了一个小型金字砖塔的形状。

塞内菲尔（Sennefer）之墓

贵族（底比斯城市长）墓中的壁画，建于阿美诺菲斯二世时期。

由于金字塔是太阳的象征，所以地下坟墓结构的寓意不言而喻：坟墓成了宇宙的象征，生者的世界位于死者世界（奥西里斯的王国）和神域（阿蒙-拉神的王国）之间。除此之外，对于埃及人来说，墓葬建筑不仅仅是用来保存尸体的地方，还是埋葬死者记忆的地方。它的大小，选择用来装饰墓墙的场景和文字，是一种回想死者生前的社会地位，以及他为君主服务所取得成就的有效方式。

装饰及其意义

墓室墙壁上的绘画与浮雕极为重要，因为对于埃及人来说，用书面形式所呈现的一切都拥有复活的能力，在每一次的浏览中成为现实。因此，墓中描绘的各种场景被永久地保存下来，也就让墓主人得以永存。坟墓被认为是供人祭拜的地方，如果来访者有识字能力，他们可以阅读墓中的文字。一般来说，新王国时期贵族陵墓有以下几种装饰类型：日常生活场景、葬礼、去阿拜多斯朝圣、开口仪式、沼泽狩猎以及献祭仪式。这些对寻常生活场景的介绍，能够很容易地让人们回想起死者生前工作的情况：代表着死者生前管理或拥有耕地的农业场景，或是工匠们在他的指示下完成各种类型的任务（雕刻塑像、铸造金属块、打制家具等）。所有这些画面向来访者表明，墓主人在生者世界里出色地完成了工作，以此来印证他在陵墓中所展现的成功。

去阿拜多斯朝圣的场景，指的是一个意义晦涩难明的仪式，据说死者会在朝圣期间前往埋葬奥西里斯神的城市。不过，我们还不太清楚的是，这次朝圣究竟是真实发生在死者生命中的某个时刻，也就是说死者需要将一座小雕像送入奥西里斯神的城市中，还是只是一次象征性的旅程。相反，有关葬礼的场景是无可争辩的真实场景。场景中描绘了死者被制成木乃伊的过程，在缠好裹尸布后被放入棺椁中，抬进坟墓，后面跟随着他的父母和朋友们，将带来陪葬的家具放在死者尸体旁边。葬礼以举行开口仪式来结束，这是一种“打开”死者木乃伊身体七窍的仪式，让死者能够再次呼吸、吃饭和排泄……也就是我们所说的“重生”。与所有仪式一样，开口仪式包含了诸多步骤，但并未全部体现在墓室装饰中。事实上，我们不知道在选

帝王谷地下陵墓的复杂结构

与大致相同的外观相反，帝王谷的所有陵墓都不完全一样。从哈特谢普苏特与其父向右下侧倾斜的陵墓，到第 20 王朝在阿玛纳建筑影响下出现的平直陵墓，专家们已经确定了多达四种不同陵墓形式。

带拐角的陵墓：在墓道尽头向右转 90° 的地下陵墓，是王室墓葬的一种制式。

❶ **入口：**王室地下陵墓的入口没有确定的方向，但必须朝向旱谷。

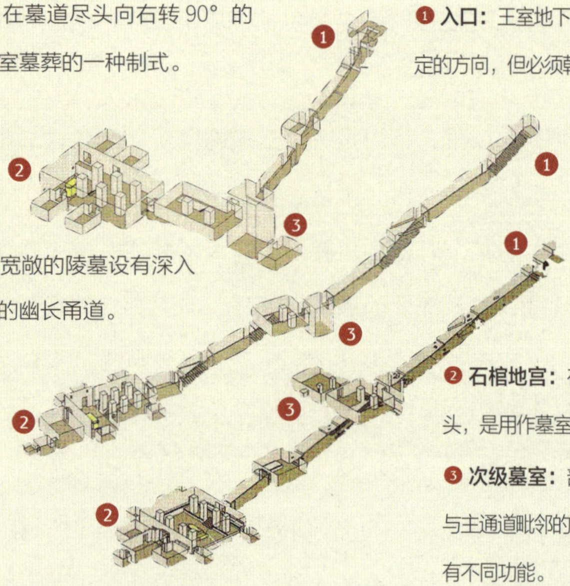

平直的陵墓：最宽敞的陵墓设有深入山中多达 100 米的幽长甬道。

❷ **石棺地宫：**在墓道长走廊的尽头，是用作墓室的房间。

❸ **次级墓室：**部分王室陵墓设有与主通道毗邻的墓室，每个墓室都有不同功能。

择墓中所展示的画面时，死者的标准究竟是什么。他可能是根据自己的偏好，在一份“目录”中进行挑选，也可能是根据墓室的可用空间进行选择。

墓室装饰中反复出现的最后两个场景之一与死者的饮食有关，在这个场景中，死者坐在他的妻子身旁，接受食物作为祭品，为来世的卡 ka（生命能量）提供能量。

壁画中的最后一个场景意义略为复杂，画中描绘了死者站在一艘脆弱的纸莎草轻舟上，在妻子和女儿的陪伴下，在沼泽地里狩猎雄鸭或捕鱼（该场景的片段见图特摩斯四世的书吏兼祭司纳赫特（Nakht）墓中的相关照片，第 28—29 页）。第一眼看过去，这只不过是一幅嬉戏狩猎图，但事实上却具有强烈的性内涵，虽然这种双重含义仍然晦涩不明。例如，“投掷鱼叉”与“受精”具有相同的三辅音结构；在埃及文学中，雄鸭是情欲的象征。换言之，这个场景的唯一目的是展现墓室设计中必须具备的性张力，以便死者能在来世重生。在这个场景中，死者捕捉的是一种名为“尼罗罗非”（tilapia nilotica）的鱼，暗示了死者与鱼采用的是同一种再生方式：在遇到危险时，母鱼会把鱼苗放入口中，等到安全时，再将它们吐出来，这种行为被认为与女神努特的形象非常相似，她会在每天晚上把拉神吞下，次日早上再将他重新生出来。

雷克麦尔（Rekhmirê）墓（TT100 号墓）是埃及传统装饰墓的一个很好的例子。它遵循了经典的倒 T 形设计，并饰以丰富的装饰品。坟墓的横向通道位于一座深广的庭院前，廊壁上绘有与死者职业生涯相关的场景。死者雷克麦尔在图特摩斯三世和阿美诺菲斯二世统治时期，曾担任维西尔和底比斯城的市长。廊壁壁画上描绘了葡萄丰收、沙漠狩猎，以及雷克麦尔监督收税和外族纳贡等场景。在一块石碑的绘画中，详细描绘了身为维西尔所拥有的权利和必须履行的义务。走廊右侧的墙壁以日常生活和死者监督田间劳作的场景开始，以维西尔和他的妻子坐着接受祭品的场景结束。

对面墓墙壁画的最初几米描绘了葬礼的整个过程，最后一部分则展示了献祭和净化死者的场景。走廊尽头的墙壁上建有一座小祭堂，由一块假门形状的石碑和一

拉美西斯六世之陵 在拉美西斯六世陵墓的天花板上，绘有女神努特的形象。她是死者的守护神，每天晚上在西方吞下拉神，每天早晨在东方再将他重新生出来。

座位于石碑上方的雷克麦尔雕像构成。

帝王谷附近的国王陵墓与贵族墓完全不同。首先，最主要的区别在于，法老木乃伊尸体的安息之地与举行葬礼之地相距甚远。古王国和中王国时期建造的大金字塔，是这个国家极为重要且显眼的遗产，它们在埃及分裂瓦解的中间期曾惨遭洗劫。为了避免自己的陵墓也遭遇同样的命运，新王国时期的君主们决定将自己的尸体与祭拜地点分开。于是，他们的遗体被埋葬在帝王谷中，而祭拜仪式则在沙漠边缘建造的宏伟石庙中举行：这是用来避免陵墓被盗的一种策略，不过，总的来说依旧是白费力气。

其次，王室地下陵墓的选址和尺寸与贵族墓也迥然不同。有些王室陵墓甚至会深入山体 100 多米，不设横向走廊，取而代之的是沿走廊两侧而建的小间或窑洞。走廊尽头同样还是一间墓室（有时垂直于走廊），其中最重要的放置物是一口巨大的棺椁（可能会非常大）。

最后，装饰类型也是王室陵墓与贵族墓的根本区别之一。法老不会在他们的陵墓中展示任何前文所描述的那些与日常或职业有关的场景。王室陵墓的墙壁上往往呈现的是不同的丧葬文本，其中最有名的是《亡灵书》。它们是给死者的一连串提示，为了让他能够顺利穿过地下世界，来到奥西里斯神身边，毫发无损地通过他的审判——这正是埃及人建造陵墓、制作木乃伊的真正原因。

埃及陵墓的装饰

负责帝王谷和王后谷陵墓挖掘和装饰的工匠，是一群受雇于法老，居住在德尔埃尔-梅迪纳的特殊工人。虽然他们为了抗议拖欠报酬（拉美西斯三世到四世的统治期间）曾罢工了一段时间，但是在几代人的努力之下，还是完成了这项了不起的工程。

❶ **地下陵墓挖掘** 建造法老陵墓的第一步，是依照王室建筑师的设计图挖掘山体。第一队工人开凿石材，第二队工人则负责把碎石从地下陵墓开采出来。

❷ 墙面粉刷 在粗切和打磨墙壁后，工人们会在墙壁上覆盖一层厚厚的黏土，填补不平整之处，以便给艺术家们留下一块完全平坦的表面来作画。

❸ 画像描线 一旦陵墓的装饰场景选择好后，画家们就会将人物勾画出来，并借助网格在墙壁上对它们进行调整。画像的草图通常采用红色绘制。

❹ 轮廓修改 在用红色勾勒出人物和场景的草图，统一整体装饰前，画师会用黑色颜料对所有的错误或可能的瑕疵进行修改。

❺ 浅浮雕雕刻 为了雕刻浅浮雕，工匠们需先凿出画像的外轮廓，让它们在墙壁上凸现出来，随后再雕刻其内部细节。

❻ 壁画上色 装饰的最后一步是给雕刻或图案上色。埃及壁画中使用的色彩十分有限，通常都是浓烈且毫无深浅变化的色调，而且每个颜色都有自己的象征意义。

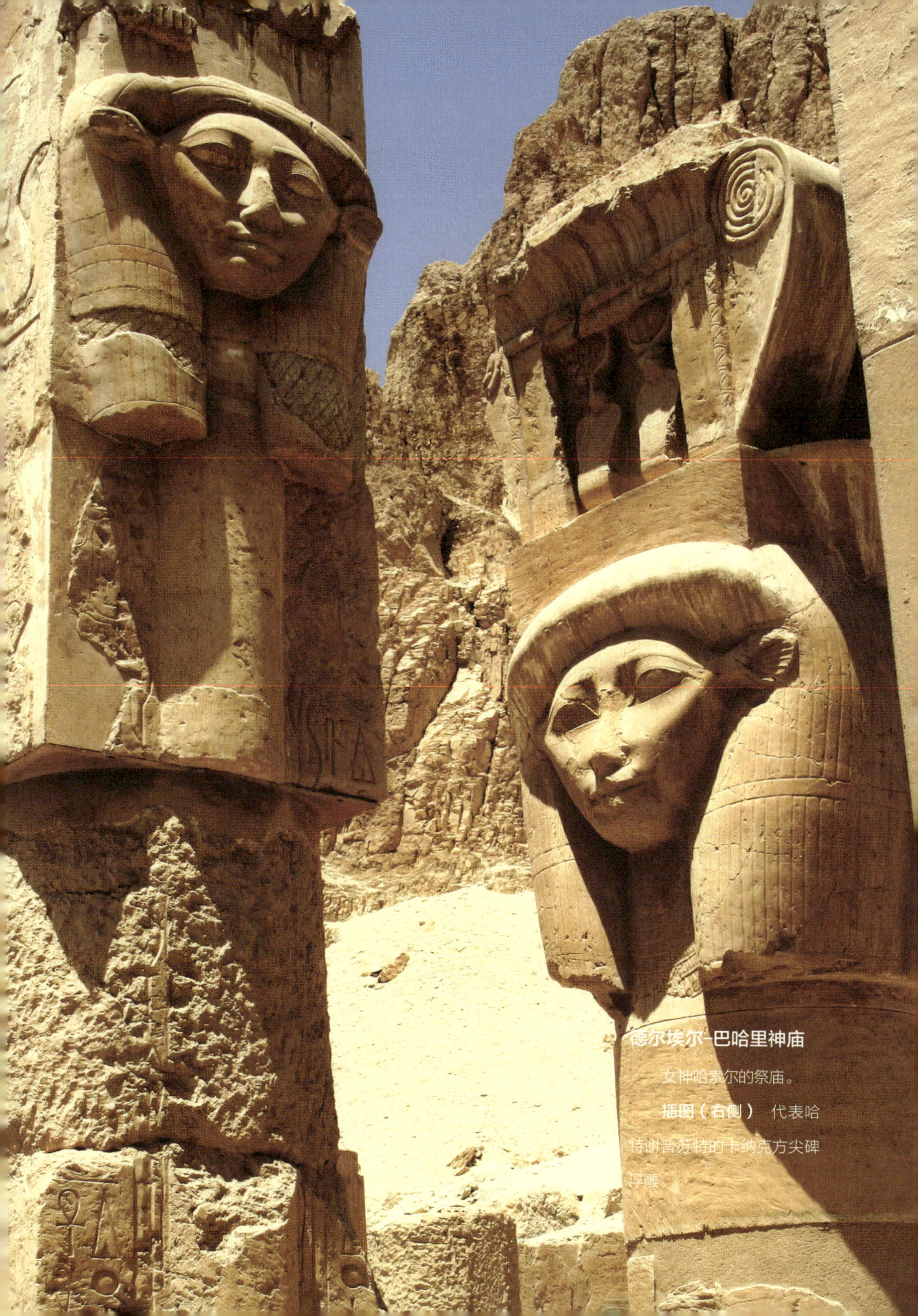

德尔埃尔-巴哈里神庙

女神哈索尔的祭庙。

插图（右侧） 代表哈特谢普苏特的卡纳克方尖碑浮雕。

哈特谢普苏特与图特摩斯三世

在他的父亲去世时，图特摩斯三世才刚刚蹒跚学步。作为继任者，他尚且年幼，无法亲政。因此，由他的姑姑、图特摩斯二世的妻子兼同父异母的姐姐哈特谢普苏特替他行使君权。这位杰出的女性政治家将会运用铁腕手段统治埃及这个地中海东部最强大的国家。

依旧得益于伊内尼墓中那些清晰的文字，我们可以知晓图特摩斯三世继位时的场景。这位曾经服侍过四任法老的仆人，这样描述新王国时期伊始的情形：“图特摩斯（二世）升入天空，加入了众神的行列。他的儿子（图特摩斯三世）取代他，登上了他的出生之地——两土地的王位。然而，新国王初登大位之时，还是个年幼的孩子。于是，他（图特摩斯二世）的姐姐，‘神之妻’，哈特谢普苏特代替新王处理国家大事。两土地皆服从她的旨意，并服务于她。”尽管在重新构建这六位王族成员（三位君主和三位王后）之间的实际关系上还存有一些疑问，但他们之间存在血缘家庭关系。

自从她在祖母阿赫摩斯-奈菲尔塔利去世后获得“阿蒙神之妻”的头衔起，这位新摄政女王就开始参与国家政治，并从土地和其他固有财产中获得了大量财政资源。身为图特摩斯一世王后的嫡女，同时也是可追溯到特提舍丽的女性继承血脉的直系后裔，哈特谢普苏特在行使权力上几乎没有遇到任何困难和挑战。可能是因为出身和能力，她自认有足够的资格掌握国家大权。由于充分意识到维持王室内部那条强大女性血脉的必要性，为了在承袭之时能够顺利履行职责，哈特谢普苏特在女儿尼斐鲁拉是否接受足够的教育这件事情上异常敏感。她的出身、她的经验（尽管十分有限），以及从第 1 王朝的王后梅奈斯（Merneith）、第 4 王朝中期的王后肯塔卡维斯（Khentkaous）到第 12 王朝末的王后内芙鲁索贝克（Néferousobek，也可写成“Sobeknéferourê 或 Sobeknéferou”）的治国先例，都充分赋予了她摄政的绝对合法性。

在摄政期间，她对自己守护的王位表现出了极大的尊重。在所有的纪念碑上，哈特谢普苏特都站在图特摩斯三世的身后，让图特摩斯三世占据画面的主导，即国王的位置。毫无疑问，促使她接受王室头衔，并最终自视为法老的这一过程极为错综复杂。令人遗憾的是，现存的文献资料对这个问题并无任何解释，只留下了无尽的猜测。

事实上，我们甚至都不知道哈特谢普苏特究竟是何时从摄政王变成法老的。在女王最信任的森穆特（Senmout）墓中发现的双耳印章，是哈特谢普苏特作为埃及新君掌权的第一个无可争辩的证据。印章呈现的日期是她在位的第 7 年，上面刻有一段铭文，称哈特谢普苏特为“高尚善良的玛阿特女神”，由此证明，她当时已经在使用她的王室头衔，并将自己视作埃及的国王。按照逻辑推断，她可能是在执政的第 2 年至第 7 年之间加冕成为法老，两相对比之下，她在第 7 年加冕的可能性最大。哈特谢普苏特是在摄政了很长一段时间，并在经历了多次政治变革后，才最终加冕成为法老，而我们对这一漫长的政治变革进程却知之甚少。

哈特谢普苏特：埃及法老时代下的女性权威

哈特谢普苏特是为数不多独掌大权统治埃及的女性之一。一开始，她是尚未亲政的国王图特摩斯三世的摄政王，大约在摄政的第七年，她正式宣称自己以“玛阿特卡雷（Maâtkaré）”之名，成为埃及法老。

埃及历史上曾出现多位女性法老，在所有已知的女法老中，只有梅奈斯一人出自第1王朝，其他女法老均出现在埃及历史上的辉煌时期终结之时，因此，不少作者将女性当政视为王朝衰落的征兆。然而，虽然第12王朝末期内芙鲁索贝克的统治时期恰逢世道动荡，但是哈特谢普苏特在第18王朝中期的统治却持续了20多年，这一点与上述理论相悖。哈特谢普苏特是一位强大的君主，埃及在她执政期间变得辉煌强盛，她成功维持了埃及的内外和平，并完成了许多伟大的建筑作品。

其他王朝中的女性执政者，如第19王朝的王后塔沃斯塔（Taousert）和埃及最后一位女法老克利奥帕特拉（Cléopâtre），都以哈特谢普苏特为榜样，追随她的足迹。

上图 出自德尔埃尔-巴哈里的哈特谢普苏特头像，带有明显的男性法老特征。（开罗 埃及博物馆）

第一位女法老

德尔埃尔–巴哈里的神庙是我们了解哈特谢普苏特的统治与意识形态最主要的信息来源之一。这座以三层阶梯式平台的设计和令人印象深刻的浮雕而闻名的神庙，能够告诉我们许多关于哈特谢普苏特和她的统治的故事。

中埃及的斯庇欧斯・阿提米多斯地下岩洞神庙（spéos Artémidos），卡纳克神庙中的方尖碑和红色礼拜堂中都有诸多关于哈特谢普苏特的信息，而德尔埃尔–巴哈里神庙却是信息最为丰富集中的地方。哈特谢普苏特宣称，从她的母亲与阿蒙神结合受孕时起，她便注定要坐上两土地的王位，因为她是阿蒙神之女。在神庙第二层平台北部的浮雕上，以极为描述性而绝非淫秽的形式，字斟句酌地讲述了这一神圣结合的场景。从画面上看，这是一个非常平淡的日常场景：画面上，神与王后阿赫摩斯身着素衣，相对而坐，两个人双膝相碰，十指相扣，神靠近王后鼻子处的ankh（安卡）符号。女神塞尔凯特（Selket）和奈斯（Neith）坐于正下方，握住两人的双脚。

阿蒙神向祭司传达神谕称，为了赐给埃及一位卓越的统治者，他将与尊贵的图特摩斯一世的王室大妃阿赫摩斯孕育一个孩子。为了完成这一神圣结合，阿蒙神化身为王后的丈夫，进入了她的房间。神的芬芳香气唤醒了王后（埃及神明身上会散发出一种甜美而浓郁的香味），阿蒙神满足了王后希望他现出神圣真身的请求。为了配得上神给予她的荣耀，王后尽一切努力让阿蒙神做了“任何他想做的事”，享受两人的结合。由于她如此热烈，神“再一次与她做了他想做的事”。交欢结束后，阿蒙神告诉王后，他会赐予她一个女儿，名为哈特谢普苏特，她将统治整个埃及。

故事的后续部分讲述了库努姆神（Khnoum）是如何在他的陶车上塑造这个孩子和她的ka（卡，即灵魂）以及王后生子的场景。哈特谢普苏特被抱到她的父亲阿蒙神和其他神明面前的场景，以及她在神域和人间加冕的场景，也都在浮雕中有所呈现。这便是哈特谢普苏特成为法老的全部过程。不过，对于她的臣民们来说，女

人行使权力并不算是件稀罕事儿：阿摩西斯、阿美诺菲斯一世和图特摩斯二世继位时都还是孩子，正如前面所说，在这些情况下，都是由一位女性代为摄政。

因此，当哈特谢普苏特加冕时，女性担任埃及的最高首领已很常见。不管怎样，哈特谢普苏特为自己登上王位找到了一种意识形态上的合法性：她首先给自己编造了神圣的出身，并明确表示她的父亲阿蒙神及图特摩斯一世都选择她作为唯一的继任者。哈特谢普苏特的出身神话只能算得上是一个秘辛，但是，她被任

哈特谢普苏特的神圣诞生

在德尔埃尔-巴哈里神庙第二层平台北部柱廊中的一块浮雕上，描绘了哈特谢普苏特“神圣诞生”的画面。此外，我们还能看到十二位守护神中的一位把小哈特谢普苏特抱在怀中的场景。

德尔埃尔-巴哈里（第 46—47 页）

在底比斯山脉天然形成的这片圆形凹地中，哈特谢普苏特选择将自己的祭庙建在门图霍特普二世的祭庙旁，并将之献给化身为圣牛的哈索尔女神。

哈特谢普苏特的祭庙，奥西里斯神的神庙

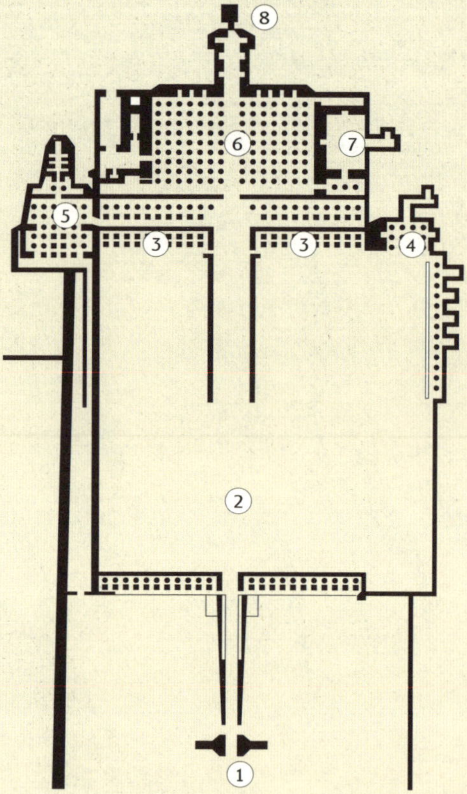

哈特谢普苏特命令她的建筑师在底比斯旁的哈索尔圣山下（门图霍特普二世的神庙也建在此处），为自己和父亲建造一座祭庙。

神庙借鉴了毗邻的门图霍特普二世建筑群的制式，整体呈阶梯式。从神庙底层中部进入，其间装饰有一座花园和一片用来举行仪式的池塘（下图中的哈特谢普苏特雕像，出自哈特谢普苏特的祭庙，现存于柏林新博物馆）。狮身人面像身后的狭长小道直通❶ 神庙底层，平台尽头是第一条柱廊，柱廊中装饰有两座阿蒙神方尖碑，上面绘有狩猎的场景。柱廊尽头是一条向上的斜坡，通往❷ 第二层平台。这层平台中有一座巨大的庭院，庭院尽头是另一条❸ 饰有雕刻的柱廊。正是这条柱廊上的雕刻，记载了哈特谢普苏特统治过程中的重要里程碑：神圣诞生和远征蓬特（Pount）。在第二层平台的北端，这位女法老下令建造一座❹ 阿努比斯神的礼拜堂。这座礼拜堂中的彩色装饰如今依旧保存完好。这一层平台的南端是❺ 哈索尔女神的礼拜堂，其中有一个12根圆柱的多柱式大厅。此处，有另一条向上的斜坡，通向❻ 顶层平台，这一层装饰有圆柱和24座奥西里斯神雕像。顶层平台右边的是❼ 哈拉胡提（Horakhty）神的礼拜堂，中间是在山岩中开凿而成的❽ 阿蒙神庙。

命为两土地的王位继承人却是公开进行的。阿蒙神在圣船游行时，当着众多信徒的面，选择哈特谢普苏特为埃及法老。当时，在雕像上显灵的阿蒙神向世人传达了哈特谢普苏特将统治埃及的神谕。此外，据女王在卡纳克神庙雕刻的铭文显示，图特摩斯一世也曾在诸多场合表达过同样的意愿。

从摄政王后到女法老的转变过程并不简单，毕竟哈特谢普苏特是一位女性，却承担了只有男性才能担当的职能，因此直到多年后，宫廷艺术家们才终于为这位女君主设计出了合适的形象。最初，哈特谢普苏特的形象与那些拥有若干男性头衔的埃及女性的经典形象非常类似；但是，随着她的权力越来越大，这种形象也越来越不合时宜。于是，她的一些早期形象开始变得男性化。最终，女王放弃了所有的女性特征，看起来就像一个男性。从女性王后向男性国王身份的过渡过程，让哈特谢普苏特拥有了对国家资源的绝对掌控，不过也留下了一些遗憾，比如因为身兼男女两种角色而无法结婚。

从文化上来讲，在古埃及，法老的职能由男性履行，但必须得到与之对应的女性（王后）的支持。两人结为夫妻，共同在诸多仪式中承担特定的职能，以维持世界的平衡，这便是埃及君王最主要的职责。即使哈特谢普苏特的统治水平与其他法老不相上下，可她既无法结婚，又无法让她的男性伴侣在仪式中扮演女性角色。对于女性来说，在适当的程度下扮演纯粹的男性角色是可以接受的，但如果这种情况发展为一名女性彻底同时扮演男性与女性两种角色，就与玛阿特女神所代表的公正、权力平衡完全背离。[4] 所以，哈特谢普苏特一直没有再婚，而是以男性形象出现在众人面前，并让她的女儿尼斐鲁拉继承了“神之妻”的头衔，这样两个人便可共同履行王室夫妻的职能，不至于太过脱离世俗的要求。但无论如何，这种情况还是颇为惊世骇俗，招致不少人的冷嘲热讽或是批评。

德尔埃尔-巴哈里祭庙上方的一座无名坟墓中，有一幅淫秽粗糙的雕刻，浮雕中描绘了这样一幅画面：一个女人正从后方走到近前，她来到一位法老身旁，紧

[4] 埃及人认为，玛阿特女神代表了平衡，一名男性需与他的女性伴侣一起维持这种平衡，如果一位女性同时承担男性与女性的两种职能，会打破这种平衡。——译者注

哈特谢普苏特的奥西里斯柱

哈特谢普苏特祭庙的顶层平台中，女王雕刻了24根奥西里斯柱。它们代表了哈特谢普苏特的理想化形象，即与来世之神奥西里斯的形象一样。在建造之初，这些雕像是红色和蓝色的。

随其后的是一个完全处于勃起状态的矮小男子，而这个场景中出现的女人和法老却是同一个人——哈特谢普苏特。这幅浮雕表明如果女王是男性，并与另一个男性发生关系，她在性关系中的被动地位会令其蒙羞，阻碍她的执政。[5] 赛特（Seth）神也曾试图做过同样的事情，他邀请侄子荷鲁斯（Horus）与他共度良宵（在被拒绝后，企图趁荷鲁斯熟睡后侵犯他，借此超过荷鲁斯的地位，成为国王），不过最后这位野心勃勃的叔叔并未成功，

[5] 在古埃及，性关系中的被动一方被认为是更卑微和羞耻的，会受到更强烈的谴责和批评，作为统治者、公众人物或有一定社会地位的人，如果发生同性恋行为，会因这种行为不符合其身份特征而遭到批评和谴责。——译者注

最终为荷鲁斯所杀。[6] 鉴于开启一段新的婚姻无疑损失巨大，因此，除了她的亡夫图特摩斯二世外，哈特谢普苏特再无其他配偶也就不足为奇。

远征蓬特

根据现存的文献可以推断，哈特谢普苏特的统治期间四海升平。没有任何资料显示，在她的统治期间，埃及曾与努比亚或叙利亚–巴勒斯坦地区发生大规模的军事冲突。不过，埃及与后者的联系却始终未曾中断。

不少埃及人一直留在叙利亚–巴勒斯坦这片贸易交通繁华的地区。他们从非洲运出货物，接收来自亚洲的货物，经由迦南地区，将这些货物运往叙利亚和巴勒斯坦。虽然米坦尼王国在这片地区的影响力持续扩大，埃及人却认为将兵力扩展到迦南北部地界并不合适，而且也没有必要。在哈特谢普苏特统治时期，埃及与爱琴海文明之间的关系似乎发生了变化，双方不再需要中间人，联系变得更加直接。阿瓦利斯（三角洲地区）城中装饰着米诺斯风格壁画的建筑，证明了埃及与爱琴海文明之间保持着活跃的联系。壁画中公牛跳跃的场景和装饰，与克里特王宫中发现的如出一辙。而壁画中身着爱琴海风格服饰的人物形象和希腊造型风格的陶瓶，再次验证了埃及与克里特米诺斯文明和希腊迈锡尼文明的直接联系假说。在森穆特或乌塞拉蒙（Ouseramon）等人墓内发现的壁画中，Keftiu（克里特人）也是以向女王致敬的形象出现的。然而，埃及与希腊世界的这种直接联系似乎仅仅持续了很短的时间。

与此同时，为了震慑埃及周边地区某些首领的敌对情绪的战役似乎也已打响，而且证明了努比亚地区与埃及之间的关系颇为紧张。其中一场战役，便发生在哈特谢普苏特执政第 12 年的第二瀑布南部。不过，埃及人对下努比亚的直接控制还是

[6] 赛特要求和荷鲁斯同睡一张床。赛特在荷鲁斯熟睡的时候想侵犯荷鲁斯，但是荷鲁斯察觉到了赛特的诡计，于是用手抓住了赛特的精子。荷鲁斯把捉到的精子给他母亲伊西斯看。伊西斯看儿子的手被玷污了，于是把荷鲁斯的手砍了下来，重做了双手。接着取出了荷鲁斯的精子，涂到了赛特爱吃的莴苣中。赛特在众神面前说荷鲁斯体内已有他的精子。果真如此的话，赛特的地位将比荷鲁斯高，赛特就可以做国王了。当赛特呼喊自己的精子时，没有反应，相反荷鲁斯呼唤自己的精子，精子从赛特的头上钻出来，所以，赛特最后输了。——译者注

一如既往的强大。

在这些相对和平（除努比亚以外）的外交举措中，派遣贸易代表团前往蓬特王国是哈特谢普苏特最引以为傲的成就，这一点从她的祭庙第二层南部柱廊上的装饰浮雕中可见一斑。

虽然蓬特王国的位置至今仍然还是一个谜，但有一点是可以肯定的，即从埃及出发需要航行很长一段时间才能抵达蓬特。在埃及人心目中，蓬特是一个“黄金国”。一些学

哈特谢普苏特的统治大事记：远征与战役

第5年

为了重开当地的铜矿和绿松石采石场，远征西奈半岛。另一场远征则是为了在努比亚找到黄金。神庙的建造开工。

第7年

哈特谢普苏特很有可能是在这一年，宣布成为两土地的法老，并拥有了统治埃及的全部权力。

第8年

哈特谢普苏特亲自领军远征努比亚。地方长官梯雅（Tiya）在萨赫勒（Sehel）岛的一块碑文中留下了这一事件的有关记载。

第9年

为了获得异邦他国的货品、献给神的乳香和乳香树，远征蓬特王国。

第12年

图特摩斯三世，以哈特谢普苏特女王之名，率领一支远征军前往努比亚，越过第二瀑布，直至丹戈尔（Tangour）。

第13年

图特摩斯三世出征驱逐定居在西奈绿松石矿区的贝都因人。

者认为，蓬特王国的疆域可能覆盖了厄立特里亚和也门海岸。无论如何，埃及人使用的许多珍贵物品都来自这片土地，尤其是他们在神庙中敬神时所燃的乳香。

浮雕中精心设计的一系列场景，描绘了这次出访的不同阶段。一切源于阿蒙神的一条神谕和女法老的一道法令。哈特谢普苏特在法令中称，需将乳香树带回埃及，以示对神灵的崇敬。为了达成这一目标，首先需要装备五艘远洋船，用来搭载 210 名船员和各

一场胜利游行

德尔埃尔-巴哈里神庙第二层平台的壁画残片中详述了到蓬特王国的贸易远航。虽然这些场景损坏严重，但我们还是能从中辨认出远航队归来时，士兵们挥舞手中刀剑和棕榈树叶时流露出的喜悦之情。

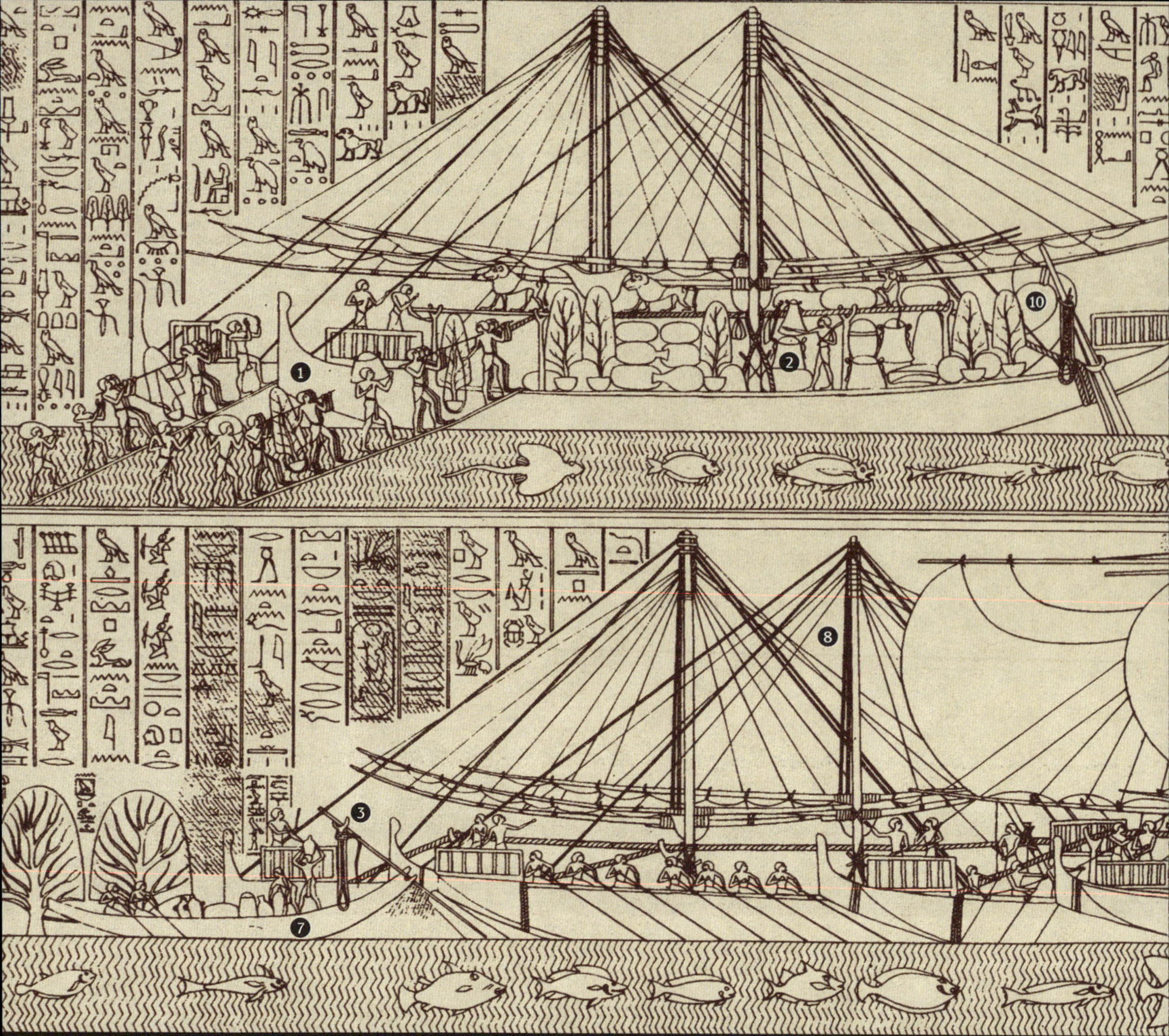

前往蓬特王国

前往传说中的蓬特王国（可能位于也门海岸）的那次远航，全因德尔埃尔-巴哈里第二层柱廊浮雕中的丰富细节而被永远铭记，即便如今这些浮雕损坏严重。这幅浮雕描绘了蓬特之旅以及远航队重返埃及的片段，从细节中可以辨认出，当时参与远航的共有5艘商船，用来装运珍贵的异国商

指挥室　上图为两人指挥5艘商船中的一艘，在红海上乘风破浪，前往蓬特王国

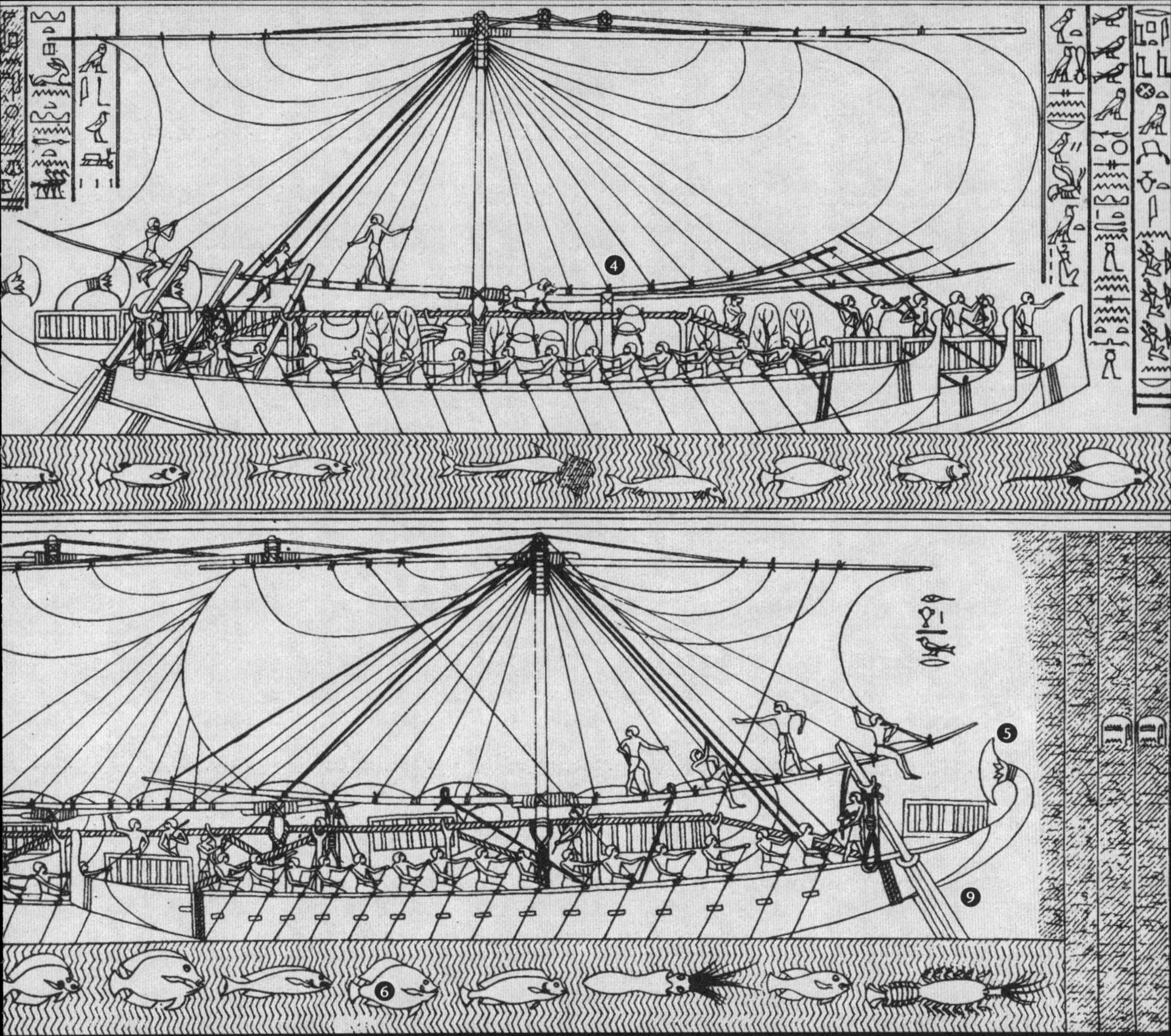

①装货　浮雕描绘了在返回埃及的旅途中，曾在岸边装运异国货品的商船。

②货品　以清单的形式详细说明远航队装载的货品：大理石、孔雀石、乌木、黄金、天然金银合金、猴子、豹子、狗及动物皮毛。

③卸货　商船抵达底比斯港口后，内赫西在指挥室中指挥卸货。

④推进　商船在大约30名水手的人力和风吹在巨大船帆上所产生的推力下前进。

⑤船首　商船船首的形状是一朵弯曲盛开的纸莎草花，它象征着重生，也是下埃及的标志。

⑥海洋动物　以极为写实的方式，将鳐鱼、乌贼、剑鱼和其他生活在红海中的典型动物绘在带状的装饰边框上。

⑦哈索尔　一艘小船将最珍贵的货品送至哈索尔神庙，以感谢女神庇佑此次远航如愿完成。

⑧在港口　远航的5艘商船中的两艘已经下锚降帆，停泊在港口。

⑨船舵　船上配备了由两片类似于木桨板制成的双舵，用以控制航向。

⑩乳香　乳香树是一款颇受欢迎的商品。一般情况下，埃及人会将整株的乳香树运到阿蒙神的花园中重新栽种。

种商品。这趟出访蓬特的任务还配有一支小型军事分遣队，分遣队只有 8 名士兵[7]，由王室使者内赫西（Néhésy）领导。这种人员构成，清楚反映出这次远行是一次旨在贸易的和平拜访。

越过红海，埃及人抵达了蓬特王国。他们看到了热带景观，由一片建在桩基上的圆形茅屋组成的村庄，以及看上去与埃及人非常相似的当地居民——除了胡子形状是尖尖的这一点外。贸易仪式由埃及使者、蓬特国王和他的妻子伊提（Ity）共同主持。仪式上，一边是埃及的帐篷，前面摆着法老委托商队带来的货物，另一边是一长队装运货品的搬运工。

在正式完成交换仪式后，埃及人将蓬特王国的各种特产装船，其中包括一株株被连根拔起的乳香树。为了纪念这次远征，埃及人在海岸上留下了阿蒙神和女王的雕像。顺利穿过红海后，远征队返回底比斯，在那里受到了哈特谢普苏特的热情接见。随后，她便向她的父亲阿蒙神献上了丰厚的祭品，其中包括承诺为他取回的 31 株乳香树。

这次远征的成功不仅取缔了两国的中间人，降低了商品价格，更进一步向民众表明了女王受到诸神庇佑，并有能力维持公正与平衡。

女王信任之人

时至今日，埃及学家都无法断言，他们对哈特谢普苏特这位历史人物的理解已然透彻。有些学者将她视为一个不择手段、贪婪追求权力，并且有能力在王位上和她的侄子平起平坐的女人。然而，有些学者则正相反，他们认为哈特谢普苏特的成功统治简直是不可思议，尽管他们也承认她的成功要归功于其卓越的领导力，她将决策权下放给了颇有能力的官员。最后还有一些学者更倾向于从浪漫主义文学的角度，而非历史的角度来解读她。他们将她的统治看作是女王与她最喜爱的建筑师森穆特（哈特谢普苏特统治期间最重要的手工艺者）之间的美丽爱情故事。然而，这

[7] 这次远征的目的不是征服，而是贸易，所以士兵只有 8 人，其余人员均为船员。——译者注

建筑师森穆特，女王的得力助手

毫无疑问，森穆特可以说是哈特谢普苏特统治时期最重要的官员。在他的诸多头衔中，最值得注意的是“所有工程的总管”这一头衔，也就是王室建筑师，因为他便是德尔埃尔-巴哈里祭庙的总设计师。

森穆特身兼多项高级职能，如王室财务官或王宫总管。这些头衔，再加上其他宗教性质的头衔，使他成为哈特谢普苏特宫廷中最具影响力的人物。甚至有人认为，他与女王的关系不仅限于政治事务，两个人还私交甚密。右图所示的雕塑现藏于巴黎卢浮宫，描绘的是❶ **森穆特**将哈特谢普苏特之女尼斐鲁拉抱在怀中的场景。这个场景在森穆特的人物绘画中经常出现，因为他有一项职能是“神之妻”的王室大总管，而“神之妻”这一头衔由尼斐鲁拉担任。与此同时，森穆特还是公主的财产管理人，须时刻陪同在侧，并担任她的导师。❷ **尼斐鲁拉**头戴象征王权的“神圣毒蛇（uraeus）”（瓦吉特，戴着头巾的眼镜蛇女神）。森穆特双手捧着并献出❸ **一卷测量绳，**它是土地测量员和负责建造建筑物的人（建筑师）常用的一种工具。❹ **女王的名字：**这座雕塑的姿势极具新王国时期的雕塑特征。与其他时期的雕塑相比，这座雕塑四周没有撰写任何铭文，而这通常是新王国时期雕塑的特征。

些都只是关于哈特谢普苏特这位特殊人物的历史观点，颇具主观性。通过一批高级官员墓中留下的自传，我们可以确定，凭借着官员的效忠，哈特谢普苏特才得以完成了诸多丰功伟绩，正如其他君主依靠所信之人一样，哈特谢普苏特不过是追随了她的男性先祖们的脚步。

然而，对于她的男性先祖们来说，身边聚集一批具有才干的官员，是拥有卓越政治才能的无可辩驳的证据，但当同样的情况出现在哈特谢普苏特女王身上时，出于某种奇怪的原因，却被认为是她统治的一个负面证明。

女王的仆人中最具代表性的一位是森穆特，他在女王的整个统治期间都陪伴在侧。现存的森穆特雕像超过 20 尊，足以证明这位出身卑微的人物的重要性。从雕像中可以看出，森穆特的若干项主要职能中的一项，是担任女王的女儿尼斐鲁拉的导师。然而，有些雕像展现出的亲密程度，不禁让人们对女王和宫廷总管之间的特殊关系产生了诸多猜测。作为“国王所有工程的监工”，德尔埃尔-巴哈里神庙同样由森穆特负责设计，他还在第三层平台的一面墙上冒险留下了自己的画像：画像被描绘在一个经过精心挑选的位置——一扇门的背后，当门打开时，便会将那幅画隐藏起来。此外，他还曾被派往阿斯旺，为女王在卡纳克神庙中竖立两座方尖碑。

森穆特为自己修建了两座相邻的坟墓：一座在底比斯山中，用来供奉祭品；另一座则在德尔埃尔-巴哈里神庙脚下，用来放置他的木乃伊，饰以绘有宇宙全景图的天花板，令人叹为观止。

哈普塞内布（Hapouseneb）是另一位杰出的官员，他曾担任王室财务官和阿蒙神的祭司。他的父亲、兄弟，尤其是他的母亲（王室的乳母），都是宫廷的官员或仆从，这无疑为他的政治生涯提供了助力。不过，他本人也表现出了超凡的能力，因为在埃及历史上，极少有官员能够同时担任两项职务，掌管国家的大部分财富。

在哈普塞内布的坟墓中，描绘了他监督将在埃及种植的蓬特王国的乳香树连根拔起的场景，他参与了女王统治期间的所有重大事件。德耶胡狄（Djéhouty）是另一位“财政官”，他还继承了伊内尼的头衔。他在德拉阿布-纳迦的坟墓中有两块墓碑，上面详细记载了他为女王服务期间所取得的成就。其中最重要的功绩包括为女法老的建筑提供了必要的金属；在卡纳克神庙竖立了两座方尖碑；在蓬特之旅结束后负责仔细称重和测量所获货品，并建立财产清单等。除了以上列举的官员之外，还有许多官员也享有盛名，比如维西尔阿赫莫塞（又名阿姆图，Âmtou）——他的儿子在图特摩斯三世的宫廷里也备受重用；还有女王的总管塞内米哈（Sene-miâh）——他颇受女王信任，将自己视为“下埃及国王的眼睛和耳朵，国王在各方面的知己”。

尼斐鲁拉公主

在与图特摩斯二世的婚姻中，哈特谢普苏特只生下了一个女儿——尼斐鲁拉。公主的教育经历极为丰富，第一位负责教授公主的是老将领阿赫摩斯·彭–涅克赫别特，他曾参与征服阿瓦利斯。之后接替他完成这一任务的是森穆特，在我们如今发现的十几座雕像中，他都呈现为伴在尼斐鲁拉身侧的形象。这个数字十分重要，它说明在现今发现的所有王室总管的雕像中，几近一半都是森穆特和公主在一起的双人雕像，而非他的单人雕像。这一发现引发了人们关于尼斐鲁拉真正父亲的各种猜测。有人认为公主的父亲是森穆特，毫无疑问，正是由于这些雕像中表现出来的那种“不可否认”的亲密，才让人有此联想。对公主的教育任务后来落到了另一位官员森曼纳（Senmèn）的身上，他有可能是森穆特的兄弟。尼斐鲁拉被授予了王室女性角色固有的所有职能，在此之前，这些职能一直由哈特谢普苏特担任，但是自加冕成为两土地的法老后，哈特谢普苏特便接受了男性的设定，由于两者不能兼任，才不得不放弃它们。

因此，铭文中提到尼斐鲁拉时，称她为“王室大妃”“神之妻”和“神之手”。由于女王没有考虑再婚，所以她需要一位王室女性在仪式上作为搭档。毫无疑问，尼斐鲁拉是最合适的选择，她不仅是国王的女儿，还继承了自第 17 王朝起在埃及王室中扮演重要角色的女性血统。然而，自哈特谢普苏特在位的第 11 年开始，尼斐鲁拉就再未出现在各种文本中，也没有证据证明她曾与图特摩斯三世结为夫妻。

哈特谢普苏特统治的终结

自女儿从历史上消失后，哈特谢普苏特的历史记录继续存在了几年，但在她统治的第 22 年，她本人也以一种生硬的方式从文献中突然消失了，而且没有任何迹象表明女王究竟是因何消失。有一种很简单的解释，那就是女王寿终正寝，将王位传给了她的侄子兼继子图特摩斯三世，让他最终独掌大权。哈特谢普苏特被葬在她为自己修建的第二座陵墓之中。她为自己修建的第一座陵墓位于底比斯郊外的一个悬崖上（其中有一具以她的名字命名的石棺），第二座陵墓则在帝王谷中（KV20 号墓），位置在德尔埃尔-巴哈里神庙的后侧，陵墓中藏有两具石棺，一具是她为父亲图特摩斯一世准备的，另一具则留给自己。然而，人们并没有在石棺中发现她的木乃伊。

在哈特谢普苏特去世多年之后，也就是她的统治终结多年之后，她所遭受的暴行令人感到不可思议：她的名字消失了，她的雕像也被毁了（有人蓄意将她的名字从大部分铭文中抹去）。她的祭庙是她统治期间最重要的作品，也付出了惨重的代价：她的雕塑被拆毁，雕像的脸也被捣碎。同样，女王的名字也未被记入王室纪年表，她从埃及历史上彻底消失了，直至 19 世纪才被重新发现。在勘察德尔埃尔-巴哈里时，商博良意识到文本中指代一位蓄着胡须的法老时所使用的名词和形容词均为阴性，因而成为第一个重新发现哈特谢普苏特的人。

对女王的除忆诅咒始于图特摩斯三世独自执政的末期，大约是他在位的第 42 年。根据对各种可能性的分析可知，这场除忆诅咒仅持续了短短几年时间，在此期间，哈特谢普苏特的名字被抹除，她所信任之人的纪念性建筑物，比如森穆特的坟墓，也遭受了相同的命运。但令人感到奇怪的是，这一举动似乎并非是经过深思熟虑后做出的决定，因为在许多文稿、陵墓和雕塑中，女王的名字依旧保存完好。

当时，有人甚至还试图筑墙将女王在卡纳克的方尖碑围起来，使其不为世人所见，采取这种手段的原因尚未可知。考虑到哈特谢普苏特的去世与除忆诅咒开始之间有着四分之一个世纪的时间差，来自她的侄子图特摩斯三世的报复这一原因的可能性就没有那么大了。他本可以在继母哈特谢普苏特还活着的时候就对她采取行动，

但他并没有那么做。除此之外，哈特谢普苏特朝廷里的杰出成员，如普伊姆勒（Pouimrè）和因特夫（Intef），都曾效忠于哈特谢普苏特（姑姑）和图特摩斯三世（侄子）两代君主，很难想象他们会对女王采取政治报复行动。有一个理由可能比较合理，那就是年近五旬的图特摩斯三世在统治末期遇到继承问题，为了巩固阿美诺菲斯二世作为未来继承人的地位，他才不得不采取了这种手段。

最后一个有关女王的重要事件就发生在近些年（2007年），在她的乳母萨特赫（Satrê）的坟墓中（KV60号墓）发现了她失踪的木乃伊。霍华德·卡特研究发现，这座墓中有两具女性木乃伊，一具被放置在一口木棺中，另一具则置于地上。与此同时，人们在德尔埃尔-巴哈里的隐藏之所发

哈特谢普苏特与阿蒙神

在卡纳克红色礼拜堂的这幅浮雕上，哈特谢普苏特被描绘成一位拥有男性特征的法老，在向她的父亲阿蒙神献祭乳香。乳香被认为是众神之香，也是他们最喜欢的祭品。浮雕上方的椭圆形装饰框的残存部分，刻有女法老的名字。

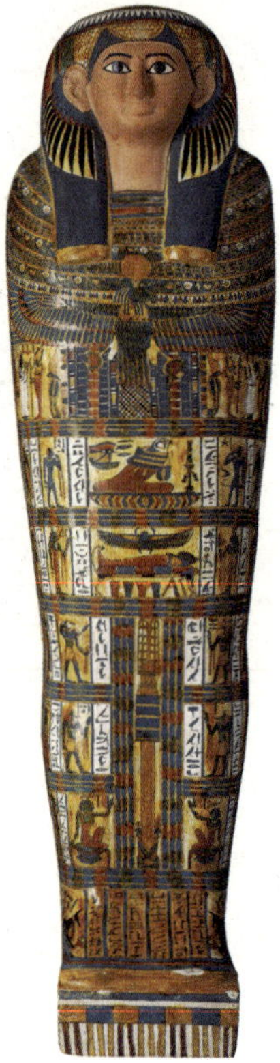

奈斯–穆特–阿–内鲁特（Nes-Mout-Aâ-Nerout）的棺材

尽管女王的陵墓为人所遗忘，但哈特谢普苏特的大神庙却持续被使用着，在新王国末期，它被用作王室大墓地。上图所示的棺材发掘自德尔埃尔–巴哈里，它属于第 25 王朝一位祭司的妻子。（波士顿美术博物馆）

图特摩斯三世（第 63 页）

图特摩斯三世最美的雕塑之一，发现自卡纳克神庙的一处隐藏之所，现于卢克索博物馆展出。

现了一只巨大的木箱，上面刻有女王的名字，里面放置了她的部分木乃伊内脏[8]。最初，人们认为（KV60 号墓）木棺中的是哈特谢普苏特。但是，对木乃伊的最新分析显示，躺在木棺旁边的那具“乳房丰满下垂”的女性木乃伊才是哈特谢普苏特本人（在木箱里的内脏中曾发现多颗牙齿，其中一颗与哈特谢普苏特木乃伊下腭缺失的臼齿完全吻合）。基因分析的结果似乎也证实了那具木乃伊确实是女王的遗骸。从对遗骸的分析来看，她的牙齿状况非常糟糕，她很可能死于肥胖，也有可能是癌症。

哈特谢普苏特的统治相对“和平”，而她的继任者却格外好战。20 多年来，图特摩斯三世一直希望能够独占王位。最终，他作为两土地唯一的君主统治此地近 25 年，在他统治早期，对叙利亚–巴勒斯坦地区发动了将近 14 场战役。美国的埃及学家詹姆斯·亨利·布雷斯特称他为“古埃及的拿破仑”，图特摩斯三世是一位热衷于对外扩张的法老。

图特摩斯三世的扩张

国王的书吏小心翼翼地保存着一部写在皮革卷上的战役日志。后来，图特摩斯三世还在卡纳克神庙的墙壁上复刻了这部日志的摘要，将之命名为《图特摩斯三世年鉴》。

[8] 内脏也会做成木乃伊，单独放置到礼葬瓮中。——译者注

现存于卡纳克神庙的《图特摩斯三世年鉴》

图特摩斯三世在叙利亚–巴勒斯坦地区指挥的军事战役被刻在阿蒙神的神庙上，被称为《图特摩斯三世年鉴》。

继母哈特谢普苏特去世后不久，刚刚登上王位的图特摩斯三世就遭遇了近东地区的一场叛乱。法老在叙利亚–巴勒斯坦地区发动的战役，被详细雕刻在卡纳克阿蒙神神庙的墙壁之上。更确切地说，由于这些信息被刻在了最神圣的位置（绘有游行所使用的圣船以及阿蒙神形象的位置）附近，它们才得以长存于世。铭文以极为详尽的方式记述了这些战役，并描绘了被征服的对手（正如上图中的浮雕所示，埃及的敌人正在向法老俯首称臣）。铭文中还详细记载了不同的战败国进献给法老的礼物。法老收到的礼物被当作祭品献给阿蒙神，因为埃及人认为拜阿蒙神所赐，图特摩斯三世才能成功击败敌人。在图特摩斯三世发动的所有战争中，最重要的便是他初登王位时发动的第一场军事战役。在《图特摩斯三世年鉴》中，图特摩斯三世描述了卡迭石（曾为埃及人掌控的古代要塞）国王成为反埃及同盟首领的过程。这场战争中最重要的一役发生在被围困的美吉多城。法老讲述了取胜之后如何夺取了敌人城邦的所有财富，如何重新组织该地区，并向主要城市派遣新的总督进行治理。这些铭文非常有效地帮助我们了解图特摩斯三世在那些遥远国度的一举一动。

由于《图特摩斯三世年鉴》中仅仅记载了前八场战役中最重大的事件，因此它们的内容并不全面。文献中的其他部分仅仅详细罗列出被打败的城市、敌人及缴获的战利品。哈特谢普苏特时期的和平主义表面上似乎并未给埃及带来不可避免的经济或威望损失，但实则不然，当她的侄子成为埃及唯一的君主时，一直依附于埃及的迦南公国选择了背弃埃及。米坦尼王国是叙利亚-巴勒斯坦地区北部的重要大国，并得到叙利亚-巴勒斯坦地区主要领主们的支持。考虑到这一点，图特摩斯三世决定进行一次武力展示，以证明埃及在叙利亚-巴勒斯坦地区的角逐中始终占有一席之地。《图特摩斯三世年鉴》中用了一半的篇幅，详细记述了这场图特摩斯三世统治期间最重要的战役——美吉多（Megiddo）战役。这次交锋将打破叙利亚-巴勒斯坦地区的权力平衡。

当图特摩斯三世率领军队穿过叙利亚-巴勒斯坦地区时，他发现有两条行军路线均可抵达敌人集中驻扎的美吉多。为了决定借道的路线，法老召集了智囊团。将军们向他陈述了每一条路线的优点和劣势。第一条路线较长，但道路宽敞，方便部队前进，而且有利于采取一切必要的布防措施，相较而言更为安全。第二条路线较短，可直抵美吉多且不会被敌军发现。但是，它的缺点是道路十分狭窄，士兵和马车只能排成一列纵队依次前进。将军们建议国王不要选择这条路线。然而，图特摩斯三世拒绝表现得像个懦夫，他选择了军队首领们认为更危险的那条路线。不过，埃及军队最终顺利抵达了美吉多。次日早上，埃及军队向卡迭石（Qadesh）的国王及其同盟发起进攻，在美吉多的城墙前击溃了敌军。

然而，当埃及人即将去除来自亚洲地区的威胁时，法老的军队在看到敌人四散而逃后，并没有一鼓作气攻城，而是丢下武器，转身搜刮敌方丢弃的财物。这一举动给了敌军喘息之机，无数联军士兵得以躲进美吉多城避难。当埃及人忙着攫取财物时，联军从高高的城墙上抛下绳子，把他们的指挥官拉了上去。图特摩斯三世对未遵命令的军队大发雷霆，当士兵在美吉多城四周建起一堵围墙后，他的怒气才渐渐平息了下来。他将这座城市围困了 7 个月之久，直到它的居民最终投降。在向埃及国王俯首称臣后，亚洲人向埃及进献了大量贡品，这些战利品在卡纳克的年鉴中有详细的记载。

图特摩斯三世的浮雕

在这块彩色石灰石浮雕的局部图中，绘着图特摩斯三世头戴阿提夫王冠（atef），上面饰有阿蒙神的公羊角、太阳圆盘和神圣的毒蛇。他留着假胡子，头戴王冠，以国王的形象呈现在浮雕之上。这幅浮雕是在德尔埃尔-巴哈里神庙旁发现的，现藏于卢克索博物馆。

在第一场战役获胜后，埃及成了这一地区的主要强国之一，而图特摩斯三世几乎每年都会发动小型战役来威慑迦南的各附庸国。这些小型战役通常是以向迦南地区各附庸国征税的名目发动，目的是时时提醒它们，法老可以随时以武力展现他的存在和权威。法老的具体策略是踏遍叙利亚的土地，向臣服的城邦收取贡品。埃及法老亲自造访当地首领，令其感受到国王对他们及臣民的重视，进一步巩固法老在当地的权威。与此同时，法老对那些不愿屈服于两土地遥远君主的公国和城邦采取了另一种策略——先派军队镇压，然后以战利品的形式收取赋税。无论图特摩斯三世采取的是哪种策略，有一点是很明确的，即尼罗河流域终于获得了本地的珍贵原材料（建筑木材、皮革、锡，以及从阿富汗进口的青金石等）。图特摩斯三世和他的祖父图特摩斯一世一样，都曾深入叙利亚领土。年鉴上记载，图特摩斯三世在幼发拉底河岸边，在他祖父所竖立的石碑旁，又雕刻了一座纪念碑，标志着法老在该地区的势力边界。

尽管在亚洲建立了传奇功勋，这位埃及君主仍旧没有放弃在努比亚地区的大量贡品。在这一时期，努比亚地区似乎保持着相对平静的状态，这可能是当时在任的库什总督内希（Nehy）从中斡旋的结果。在这种和平安宁的大环境下，位于经济战略要地（尤其是采石场或贸易路线）的努比亚神庙得以扩建和美化。努比亚神庙成了埃及真正的文化中心，不仅是举行重要仪式的地点，也变成了商业会面和贸易交换的场所。

帝国的控制

考虑到叙利亚-巴勒斯坦地区和努比亚地区具有完全不同的政治结构，埃及人明智地没有采用同样策略控制这两个地区，而是因地制宜，在每个地区实施最适合的制度。由于努比亚一直与埃及有所来往，而且埃及人遍布努比亚各地，对法老的崇拜也因之传播开来。因此，埃及在努比亚建立的军事要塞或神庙起到了向周边居民宣扬埃及文化的作用。这一地区的税收制度遵循与尼罗河流域同样的原则：每两年进行一次“牲畜清查（comptage du bétail）”，所有人都要向法

图特摩斯三世帝国扩张的阶段

第23年

加冕后不久，为了镇压叛乱，图特摩斯三世发起对美吉多的第1场战役。

第25—29年

法老发动征服叙利亚和巴勒斯坦地区的4场战役，巩固自己的地位。

第30—31年

在推翻埃及敌国国王的第1场战役中，国王攻占了卡迭石的要塞。

第33年

图特摩斯三世越过幼发拉底河，直抵埃及在叙利亚-巴勒斯坦地区最大的敌人——米坦尼王国的中心地带。

第34—42年

图特摩斯三世在叙利亚中部发动了不少于9场战役，以反击米坦尼的进攻。

第42年

图特摩斯三世的最后一次军事行动，在此期间，国王再次征服卡迭石城，开启了长达20年的和平时期。

埃及的敌人：图特摩斯三世的战役

自独掌大权的第一年起，图特摩斯三世就致力于控制远方的土地，扩大埃及的势力范围。因此，在第 18 王朝中，他统治下的埃及最为好战，也就不足为奇。真正意义上的埃及帝国，正是从这一时期发端。

在整个统治期间，虽然图特摩斯三世为了征服盛产贵金属和异域物产的埃及南部土地，曾发动过对努比亚地区的战争，但是计算起来，他发动的所有军事讨伐（总计17场）几乎都发生在近东地区，目的是扩张埃及边界，控制新的疆域，收获战利品，其间最重要的战役发生在叙利亚、巴勒斯坦以及黎巴嫩。图特摩斯三世是将边界拓展得最远的埃及法老，他还在边界上竖立石碑以作标志。法老对待战败国策略的特点之一是使其“埃及化”。被征服民族的王子们被送往埃及，在那里，他们会像埃及人一样接受教育，直至成年。然后，王子们将被遣返回乡，作为法老的附庸，按照埃及的传统统治自己的国家。

左图 图特摩斯三世赐给德耶胡狄将军出访外邦时使用的金杯。（巴黎 卢浮宫博物馆）

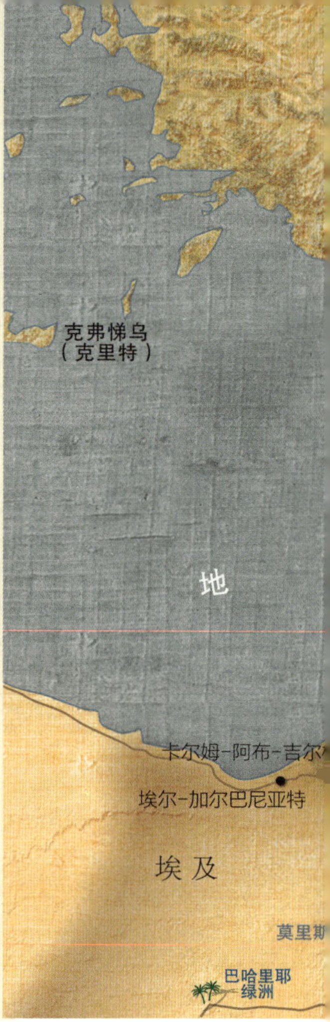

老交税。

在叙利亚-巴勒斯坦地区，情况则有所不同。虽然埃及在该地区的影响力可以追溯到第 1 王朝，但如今这里的政治建制是以城邦和小公国为中心。埃及最初确实曾在当地驻军，但到了新王国时期，情况发生了变化。在这一时期，由于该地区的政治实体小而分散，埃及不得不在没有驻军的情况下采取手段进行控制。

叙利亚-巴勒斯坦地区的对内政策完全由当地首领负责制定和执行，他们恳请法老担任各邦国之间的调解人以及他们

自身权力的保障者。很显然，通过强大的军队和每年发动的战役，埃及法老不断给当地首领成功施加了巨大的压力。

《图特摩斯三世年鉴》中极为详尽地描述了埃及人对叙利亚国内政治的管理方式："首领们的孩子或兄弟作为人质被送到埃及，当首领去世后，法老便会在他的一众儿子中挑选一人继承王位。当年叙利亚各邦国送来的王子王孙的具体情况如下：男子 36 人，男女仆人 181 人，马匹 188 匹，包金或包银的双轮马车 40 辆。"埃及在努比亚地区也如法炮制，将首领的儿子扣为人质，其目的不仅是稳住那些害怕会永远

图特摩斯三世，一位热爱植物学和动物学的法老

图特摩斯三世在卡纳克阿蒙神庙最偏僻的角落里，有一间装饰着特殊图案的房间。它被称为“植物园”，墙壁上绘满了不知名的埃及动植物。

法老图特摩斯三世在无数场军事战役中获得了大量的战利品。虽然战俘和贵重物品是最有价值的东西，但是为了向阿蒙神献祭一些埃及未知的物种，法老还带回了一些在叙利亚和巴勒斯坦地区发现的动植物样本。尽管工匠在神庙墙壁上刻画得非常详尽，专家们仍然无法完全识别那些物种。一些学者称，这些动植物是不为大众所知的品种，可能是工匠画得不好，有些细节被省略了。另一些学者则认为，它们并不是真实存在的，而是法老想象出来的。

插图 “植物园”浮雕片段。

失去儿子的父亲们，也是为了能充分教育这些未来的首领，不让他们将自己视作埃及的外邦人。如此，当他们返回自己的城邦，管理当地事务时，会更愿意承认自己是法老的附庸，并能更好地理解法老的要求。此外，埃及的外交官员也会因此更加深入地了解他们，进而可以更准确地试探出他们的主张，预测他们的决策。

埃及在叙利亚地区影响力的恢复，反过来也对尼罗河流域产生了影响，来自亚洲的文化在这片区域留下了深深的烙印。叙利亚地区的特产成了埃及上层阶级追捧的奢侈品，而这一阶层中的大部分男性成员，都以某种方式直接或间接地参与了帝国的管理与维持。与此同时，那些最受欢迎的亚洲产品很快被埃及人模仿，以满足

无法负担这样高昂消费的人群的需求，从而引进或改良了埃及当时的工艺技术（如玻璃加工）。

亚洲对埃及的影响不仅仅停留在物质层面上：许多神祇也从东方传入尼罗河流域，如阿施塔特（Ashtart）或瑞舍普（Réchep）。图特摩斯三世还娶了三位叙利亚公主，她们的到来不仅为埃及服饰和珠宝注入了新的元素，她们的一群陪嫁侍女最终也都融入了埃及的宫廷之中。法老与她们的合葬墓位于底比斯旱谷的偏僻之处，距离王后谷相对较远。

很显然，法老不可能仅凭一人之力组织和管理整个帝国，与哈特谢普苏特之前所做的一样，图特摩斯三世身边也聚集了一群他信任的官员，这里指的是整个权贵家族，而家族中最有名的一位，就是前面提到过的雷赫麦尔。从该家族的族谱中可以看出，权力一直在该家族中不断传承，至少在家族成员还受到君主青睐时一直如此。这个家族中出现的第一位权贵人物是女王哈特谢普苏特的维西尔阿赫莫塞（又名阿姆图）。他的儿子们深谙权力之道，在图特摩斯三世统治期间，也都担任高级官员。当维西尔这一职位被一分为二时，内菲尔鲁本（Neferouben，雷赫麦尔的父亲）被任命为南部的维西尔，而乌塞拉蒙（又名乌瑟，Ouser，雷赫麦尔的叔叔）则被任命为北部的维西尔。有了这样的家族政治遗产，我们会在雷赫麦尔的墓中看到《维西尔的职责》一文也就毫无悬念了，这份文本中描述了两土地君主的总管需完成的日常工作。

阿美诺菲斯二世

如我们上文所述，对哈特谢普苏特名声的亵渎是从图特摩斯三世统治末期开始的，而猜测图特摩斯三世采取这一手段是为了避免他指定的继任者阿美诺菲斯二世出现继承合法性的问题。图特摩斯三世对这个问题极为担忧，以至在他统治的最后两年时间里，一直让阿美诺菲斯二世坐在王位旁，与之共同执政。如此一来，图特摩斯三世去世时，就没有任何人能够撼动已经在位的法老根基，即使是

阿美诺菲斯二世的陵寝

位于帝王谷 KV35 号墓，其中保存着他的红色石英岩石棺，石棺的一端绘有女神涅芙狄丝（Nephtys）的形象。陵墓深处有一间长方形的房间，由六根柱子支撑，上面饰以法老面对不同神明时的形象。

有权势的王室女性和特提舍丽的后人（如果还有的话）也不行。

继位后的阿美诺菲斯二世选择以展现强壮体魄的方式，来证明自己完全有能力履行法老的职能。吉萨狮身人面像旁竖立的两座石碑上，记载了阿美诺菲斯二世对自己身为一名优秀的驯马师，在战场上战无不胜这一点是何等自豪。他将自己描绘成一个拥有神力之人，无人能拉开他的弓，就像没有人能拉开尤利西斯的那张弓一样。他宣称曾在与 200 名士兵的划船比赛中，不费吹灰之力便获胜，能够轻松地一口气拉开 300 张弓，以检查它们的质量。同样，他还称自己能够坐上战车，用箭射穿四层厚的青铜标靶。

阿美诺菲斯二世的统治在很大程度上与哈特谢普苏特时期一样和平，但是，他仍在统治的第 2 年和第 9 年向叙利亚–巴勒斯坦地区发起了数场战役。第 1 场战役是出于新任君主向叙利亚–迦南附庸国展示实力的需要，以便继续签订其父图特摩斯三世曾与之达成的那些条约和承诺，虽然他在共同执政期间已经向他们传达过这个信息。

在不同神庙（阿玛达，孟菲斯和卡纳克）中发现的石碑上，都记载了阿美诺菲斯二世第 1 场战役的胜利，尤其是与塔赫斯（Takhsy）地区叛军首领的那一战。这一地区有七位首领被法老击败，他们的遗骸被当成了宣示埃及王权的工具，向人们展示胆敢反抗统治两土地的荷鲁斯会是怎样的下场。穿越尼罗河流域时，他们的尸体被五花大绑地倒挂在战舰船头，像一面令人毛骨悚然的军旗。继而在底比斯城墙上，七具尸体中的六具被砍掉了手脚，剩下的唯一一具全尸则被继续带往更南边，最后在第四瀑布后方的纳帕塔城的城墙上，才结束了充满耻辱的旅程。

阿美诺菲斯二世发动的第 2 次军事战役意义似乎更为重大。在记载了这些事件的孟菲斯和卡纳克石碑上，法老大肆吹嘘自己当时如何打乱了乌加里特的政局。乌加里特是一个使用楔形文字的城邦，是埃及在叙利亚–巴勒斯坦地区势力范围的最北端。阿美诺菲斯二世还自夸称，在战役结束后不久，米坦尼、赫梯和巴比伦的统治者便以埃及友邦的身份前来觐见。尽管如若依照法老的想法，任何前来拜谒者都必须携带礼物，而法老也会送出回礼作为交换，但在经年断断续续的战争后，这一地区最终达到了各方都能接受的平衡状态。

阿美诺菲斯二世延续并严格遵循了其父制定的家族政策，确保王室中没有女性能够夺取他的政治职能和权力。不过，与第 18 王朝的早期君王不同，阿美诺菲斯二世子嗣繁茂，确保了在他死后一定会由家族中的男性成员继承王位。至于公主们，有关她们的信息甚至都并未出现在王室档案中：即使如今她们的儿子闻名天下（阿美诺菲斯、图特摩斯、卡莫阿塞特、阿赫摩斯、乌本塞努），人们也不知道他们的生

阿美诺菲斯二世，一位强壮健美的法老

为了确保血脉能毫无阻碍地延续下去，图特摩斯三世将儿子阿美诺菲斯二世以共同执政者的身份送上了王位。如果说他的父亲是以“伟大的军事家”而名垂史册，阿美诺菲斯二世则是以运动健将的美誉而声名远播。

遗憾的是，没有多少文献和纪念碑能够向我们展现阿美诺菲斯二世的统治。如今虽然有一些石碑留存下来，但也不足以让我们了解这位法老在他父亲统治时期的具体作为。很显然，阿美诺菲斯二世成为法老时还很年轻，并且享有运动健将的美誉。所以，在他初登王位之时，近东地区曾遭受埃及重创的敌人（图特摩斯三世统治期间）想要借着两土地王权更迭的时机摆脱法老的控制，就一点儿也不令人感到奇怪。他们企图发动一次突袭，可惜他们低估了阿美诺菲斯二世的实力，他以一场军事征讨回应了这次突袭，带领埃及军队取得了又一次胜利。法老驾着战车亲自参与了战斗，并大获全胜，这要归功于他能充分发挥弓箭的杀伤力，那是他最喜欢的武器，他可以像尤利西斯那样箭无虚发，百发百中。

母究竟是谁。为了不重蹈哈特谢普苏特统治时期的覆辙，阿美诺菲斯二世决定，在他执政的大部分时间里，由他的母亲担任王室大妃的头衔。

阿美诺菲斯二世的家族政策似乎颇有成效，在他统治的近30年里，没有一位妃嫔能够脱颖而出或是企图密谋将他的儿子从埃及王座上驱逐下去。从此以后，埃及统治者开始形成在宫廷权贵中择选妻子的传统。

图特摩斯四世

图特摩斯王子的兄弟众多，个个都有权利成为埃及法老。不过，虽然他登基的可能性很小，但他最终还是成功当上了法老。一个不为我们所知的事件，令其成了指定继任者。图特摩斯四世并不是他父亲的第一选择，而这个事实可能是促使他独辟蹊径，确立自己执政合法性的原因。正如此前哈特谢普苏特所做的那样，图特摩斯四世也选择求助于神灵。他声称，当他还是个年轻王子时，曾花了一整天时间在吉萨金字塔附近的沙漠中狩猎。狩猎结束时，他筋疲力尽，躺在狮身人面像头部的阴影下小憩，那是当时这座巨大雕像唯一未被黄沙淹没的部分。当他沉沉睡去时，凯布利（Khépri）神（代表初现的晨曦）以狮身人面像的形象出现在他的梦里。它向王子抱怨说，它被困在滚滚黄沙之中，甚为难过，它向王子承诺，如果王子能帮它从沙中解脱，便许他下一任埃及君主之位。无须它再多言，几天后，还是王子的图特摩斯四世便派了一群工人将神从沙的束缚中解脱出来。不仅如此，他还命令工匠重塑雕像，恢复它原本的模样。还是王子的图特摩斯四世已经完成约定，而神（凯布利）也兑现了它的许诺：几年后，在他的兄弟们和父亲去世后，图特摩斯四世加冕为法老。作为证明，图特摩斯四世命人在狮身人面像两腿之间竖立了一座雕像，并在上面刻下了这段传奇故事。

由于担心神的帮助不足以证明自己执政的合法性，图特摩斯四世一经掌权，就把“国王长子”这一头衔刻在了之前称其为王子的所有铭文上。这或许是因为他想利用文字的魔力，将王子之间争夺继承权的事实变为一次小小的家庭纷争，因为对于埃及人来说，文本只要被人阅读，就会转化为事实。除此之外，他选择父亲曾立

宴会场景

第 18 王朝的贵族墓中发现的信息，大大丰富了我们对埃及贵族日常生活的了解。这幅描绘宴会场景的壁画，出自德拉阿布-纳迦的内巴蒙（Nebamon）墓。我们可以注意到，画中两位乐者的脸均朝向正面，而非侧面呈现，这是埃及绘画的一个特征。

碑的狮身人面像作为证明自己合法性的神明，似乎也颇为合乎逻辑。

图特摩斯四世的在位时间很短（不到 10 年），由于埃及与其周边地区的大国之间相对和平，他的军事行动受到了限制。不过，据我们所知，他仍然在北部发动过几次袭击，并对巴勒斯坦南部的反叛城镇发动了更大规模的军事行动。相比之下，努比亚南部地区看起来更安宁些，法老只派出了几支巡逻队穿越沙漠。在柯诺索（Konosso）岛的石碑上，记载了法老在没有等待军队的情况下，独自面对危及埃及黄金销售的努比亚人，并最终赢得胜利的事迹。

图特摩斯四世极为尊重他父亲制定的婚姻和家族政策，因此他至少生了 7 个儿子，以及具体数量不详的女儿；

他还娶了许多妃嫔，其中包括奈菲尔塔利——她生下了显赫的后裔“王之女”伊阿蕾特（Iaret），以及米坦尼公主穆特姆维雅（Moutemouia）——图特摩斯四世未来继承人的母亲，但从未被承认是法老的王室大妃。和他的父亲一样，图特摩斯四世选择他的母亲提雅来履行阿蒙神之妻的宗教职能。

图坦卡蒙与他的妻子

图坦卡蒙的黄金王座上细致描绘了这对王室夫妇。

插图（右侧） 一面“ankh（生命之符）”形状的镜子，象征着生命。这两件文物均出自图坦卡蒙陵墓。（开罗 埃及博物馆）

从阿吞神到阿蒙神的胜利

阿美诺菲斯三世、埃赫纳吞和图坦卡蒙都是古埃及历史上的重要人物，但他们之所以重要的原因却各不相同。阿美诺菲斯三世是作为伟大的征服者和杰出的政治家闻名于世，埃赫纳吞是历史上第一个一神教的创立者，图坦卡蒙则是因为在其陵墓中发掘出的陪葬品与无人可敌的财富。

依照埃及惯例，阿美诺菲斯三世的出生方式与哈特谢普苏特女王相同：阿蒙神以他父亲（图特摩斯四世）的形象显灵，进入王后穆特姆维雅的居所并使其怀孕。之所以说两个人相似，是因为在卢克索神庙的一间房内，阿美诺菲斯三世逐字逐句复刻了女王在德尔埃尔–巴哈里神庙中的浮雕铭文。

登上王位之时，阿美诺菲斯三世可能年仅 10 岁或 12 岁，神圣的出身无疑能让人们对这位极为年轻的法老多些信心。不久之后，他娶了贵族夫妇（尤雅和图雅）

《阿玛尔纳书简》，一份关于对外政策的特殊文献

《阿玛尔纳书简》是精准重塑埃及与近东其他地区之间国际关系的重要文献之一。19 世纪末，一位农妇无意中发现了这批泥板书简。最初，这些泥板被认为毫无价值，但事实证明，它们对于理解当时的国际政治至关重要。

《阿玛尔纳书简》雕刻于阿美诺菲斯三世和阿美诺菲斯四世统治期间，最早的书简可追溯到阿美诺菲斯三世在位的第30年。这批重要的书简中包括法老寄出的信件，以及近东地区各附庸国的回信。这些文献均以楔形文字刻于泥板之上，使用的是阿卡德语（当时的国际外交通用语言）。其中一部分书信呈现了当时叙利亚各王国及地中海黎凡特（Levant）公国的政治局势，详述城市与城市之间的冲突。另一部分书信则讨论了政治联姻，敦促各国统治者将女儿嫁与埃及法老。这类书信中所使用的语言并未拘泥于形式，而是以收信人所用语言的音标形式重新抄写了法老的名字。

插图 阿美诺菲斯三世黄金雕塑，出自图坦卡蒙陵墓。（开罗 埃及博物馆）

的女儿提伊为妻，而我们对这对夫妇的情况知之甚少。这场婚礼在当时引起了巨大轰动，法老曾为此定制了一批圣甲虫，并在它们的背上刻上纪念这一事件的铭文。之后，他还曾多次采用这种方式，向民众传达五个有关他的重要消息——加冕的名字、诸位先祖的名字、疆域的拓展、狩猎的狮子数量以及为妻子建造的巨大人工湖。统治期间，提伊并不是阿美诺菲斯三世唯一的后妃，他还娶了两位米坦尼公主——阿扎瓦（Arzawa）的公主齐鲁赫帕（Giloukhepa）和巴比伦的公主塔都赫帕（Tadukhipa）。两位妃嫔以及她们的随从和陪嫁品，极大增加了亚洲人在埃及宫廷中的影响力。

鉴于当时这对王室夫妇年纪尚轻，学者尚无法确定这场联姻的决策者究竟是谁。尽管如此，王后提伊开创了一个极不寻常的先例：王后可与法老共同出席诸多场合，陪伴在她的丈夫身侧。在阿美诺菲斯三世去世之后，这种惯例得到了延续，王后（奈菲尔塔利）和她的配偶（埃赫纳吞）共同出现的场景数量也不少。

由于幼年登基且长寿，阿美诺菲斯三世成了埃及统治时间最长的君主：他的在位时间长达 38 年，经历过 3 次塞德（Sed）节的洗礼。塞德节全名为 Heb-Sed，又被称为“王室大赦年”，旨在为国王提供统治国家所需的全部能量和能力。君主统治满 30 年后才会庆祝这一节日，而后每 3 年庆祝一次，节日期间会举行各种仪式。

阿美诺菲斯三世的对外政策更多采取的是外交手段，而非军事征服。《阿玛尔纳书简》（*Les Lettres d'Amarna*）是埃及法老与叙利亚–巴勒斯坦地区各王国和公国之间往来信件的合集。通过阅读这些重要文献，可以了解阿美诺菲斯三世和阿美诺菲斯四世统治时期国际关系的发展走向。这些刻在泥板上的书信，发现于阿美诺菲斯四世的新都阿玛尔纳（Amarna）。

此外，尽管努比亚地区看上去风平浪静，但阿美诺菲斯三世在位第 5 年发动的一场战役表明，努比亚人从未彻底接受埃及的统治。法老的军队阻止并镇压了努比亚某地的叛乱，这一地区的具体地理位置尚且不明。由于这场战役太过惨烈，埃及人决定不将战俘带回尼罗河流域，正如一块石碑中所写，为了避免“库什王国的种子就此灭绝”（让这一地区变成荒无人烟的无人区）。

除此之外，如两位名字同为阿蒙麦西斯的官员的墓志铭文和浮雕中所显示的那样，阿美诺菲斯三世与蓬特王国之间一直保持着联系，可能是为了凸显他统治下的和平与辉煌。第一位官员墓葬中的浮雕展现了蓬特首领携带当地特产来访的情景，而第二位官员墓中发现的浮雕表明，死者的任务是负责迎接来自蓬特王国的小船队。

阿美诺菲斯三世建造的纪念性建筑物，完美体现了其治下的繁盛与辉煌。除了在卡纳克开展的建筑工程以及卢克索神庙的扩建外，阿美诺菲斯三世还建造了马

尔卡塔（Malqata）宫和自己的祭庙。马尔卡塔宫规模宏大，阿美诺菲斯三世下令为其妻开凿的哈布人工湖（Birket Habou）体量同样庞大，长约 193 米，宽 364 米。令人遗憾的是，马尔卡塔宫和所有宫殿一样都用黏土建造，如今只剩残垣断壁，当初的华丽装饰也所剩无几。阿美诺菲斯三世宏伟祭庙的境遇亦是如此。祭庙的入口标志是著名的门农（Memnon）巨像，其间装饰着上百座代表埃及诸神的雕塑。其中一座被移到了卡纳克神庙的圣湖附近，如今仍然抬眼可见：那是一尊圣甲虫形状的凯布利（Khépri）神雕像，不

少游客相信绕这座雕像转 7 圈便能收获好运。

哈普（Hapou）之子阿美诺菲斯是法老阿美诺菲斯三世宫廷的核心人物。他身兼数职，包括“国王所有工程的监督者”“新兵书吏”以及“国王书吏”等。除此之外，由于他作为顾问和官员的能力出众，国王还赐予他一份不同寻常的奖励：一座属于他的祭庙，建于法老的陵墓与王宫之间。他的功绩被大肆宣扬，以至他死后在底比斯地区被奉为神明，受众人崇拜。

有学者认为，阿美诺菲斯三世在统治的最后 12 年里，

阿美诺菲斯三世的太阳宫

法老下令对卢克索的阿蒙神庙进行了扩建。建成的太阳宫中有一条由纸莎草状的圆柱组成的柱廊，封闭式柱头是它最为出彩之处，可以将雕塑隐藏于内。

门农巨像：从历史到传说

阿美诺菲斯三世的祭庙塔门对面立着他的两座巨型雕像。它们的名字“门农巨像”来源于一个传说，门农是一位神话人物。由于与风接触时会发出奇特的声音，门农巨像成了古代埃及的朝圣之所，古罗马时代的人们尤其喜欢去这里朝圣。

这些巨像是用一种非常脆的石灰石雕刻而成，随着时光流逝，它们的脸部逐渐风化，出现裂缝，渗入空气。黎明时分，风灌入缝隙时，会产生一种类似于呜咽的声音，这是一种很奇特的现象。法老的雕像与门农（埃塞俄比亚国王，黎明女神厄俄斯之子，为阿喀琉斯所杀）是这样被联系到一起的：人们认为他们在拂晓时分听到的怪声音，就是门农呼唤他的母亲时发出的呜咽声。许多历史人物，特别是罗马的几位皇帝，都曾来到此地，聆听这首悲伤的哀歌，并在纪念碑上留下铭文，以纪念他们的到来。他们中的一位，塞普蒂米乌斯•塞维鲁（Septime Sévère），还曾试图修补裂缝，让门农的呜咽声停止，最后却无功而返……因为随着时间的流逝，补好的裂缝又重新开裂。

是与其子阿美诺菲斯四世（后更名为埃赫纳吞）共同执政的。不过，由于支持和反对这一观点的论据都颇为丰富，这个问题至今尚未有定论。

这位法老的另一个特别之处在于，他没有像先辈那样葬入帝王谷，而是葬在了帝王谷附近的一座旱谷中，这座旱谷被称为“西谷”或“猴子谷”。拿破仑远征军的两名成员发现了他的陵墓。尽管他们之后曾多次探察这座陵墓，但直至 1915 年霍华德 · 卡特和卡纳冯勋爵（lord Carnarvon）来到此地，才开始对阿美诺菲斯三世的陵墓进行科学发掘。在近 75 年后的 1989 年，一支日本考古队彻底完成了对阿美诺菲斯三世陵墓的发掘任务。考古队在陵墓中找到了许多验证这段历史的新证据，尤其发现了陵

驾着胜利战车的阿美诺菲斯三世

这幅浮雕出自梅伦普塔神庙，由于这座神庙对阿美诺菲斯三世祭庙中的砖石进行了再利用，故而神庙中发现了不少与阿美诺菲斯三世时期有关的信息。浮雕描绘了凯旋的法老驾着战车游行的场景，他的马车上绑着擒获的努比亚战俘，浮雕的椭圆形装饰框中刻着法老的名字。

墓浮雕上极有可能刻下的是法老的入葬日期：埃赫纳吞统治的“第 3 年，阿哈特（Akhet）季的第 3 个月，第 7 天”。

神化的国王

在他的宏大计划下，阿美诺菲斯三世建造了许多雄伟建筑，其中包括在努比亚地区的几座神庙。其中一座位于索利卜（Soleb）的大型神庙，似乎是为了崇拜埃及法老而建造。索利卜神庙与另一座略小的神庙遥相呼应，那座神庙在塞登加（Sédéinga）以北约 15 千米，用于崇拜哈索尔女神化身的王后提伊。除此之外，鉴于阿美诺菲斯三世在文献和纪念碑中自视为太阳神，我们可以认为，他在活着的时候就已经被神化。另外，如果父子两个人共同执政的观点无误，这个细节或许能更好地解释为何阿美诺菲斯四世会在他的父亲去世几年后进行宗教改革。

根据某些历史学家的说法，阿美诺菲斯四世独尊阿吞神的做法可以解释为：他是将其父亲阿美诺菲斯三世视作太阳圆盘及神殿中唯一的神祇进行崇拜。在埃及，崇拜一位死去的国王并不奇怪。但是，阿美诺菲斯三世的情况略有不同，他是在还活着的时候就以神的身份接受民众崇拜。遗憾的是，现今留存下来的石碑或雕像中，并没有发现任何献给作为神明的阿美诺菲斯三世的铭文。因此，我们无法确定他在索利卜和塞登加两座神庙之外是否同样被神化。如果这一问题的答案是肯定的，那么，神化法老的目的便是政治控制，以及在被征服土地上传播法老崇拜意识形态，充分散布埃及的文化价值观念，促进被征服地区人民服从于埃及的政治和经济需求。

从阿美诺菲斯四世到埃赫纳吞

尽管有着 12 年的共同执政经验（不过这一假设尚未得到证实），但在阿美诺菲斯四世亲政的早期，提伊王后似乎发挥了极为重要的作用。由于曾多次积极参与丈夫的政治决策，在阿美诺菲斯四世登基后，提伊王后的建议仍然常被采纳。在《阿玛尔纳书简》的一封信中，米坦尼君主图什拉塔（Tushratta）甚至写道，希望王后能代为与她的儿子阿美诺菲斯四世沟通，提醒法老，米坦尼王国与他的父亲阿美诺菲斯三世之间曾维持着友好的关系。

在执政的前 5 年里，阿美诺菲斯四世一直忠实地执行父亲的政策，尤其是在卡纳克神庙建造新建筑，并让他的妻子——大名鼎鼎的纳芙蒂蒂（Néfertiti）——成为朝廷中的关键一员。她完美扮演了国王的女性补充角色，与此同时，阿美诺菲斯四世的其他六位妃嫔也都积极履行了职责。阿美诺菲斯四世在位的第 5 年是一个重要的转折点，这一年，国王决定改名，并使其统治转向一个全新的方向。

埃及法老一般由五个名字组成的王名头衔来进行识别：荷鲁斯名、两个女神名（或 nebty）、加冕名（或 nisout-bity）、金色荷鲁斯名以及拉神之子名。这些王名头衔不仅能够识别法老的个人身份，还在某种意义上定义和阐述了法老（不论是事实还是期望）的政策特点或治理内容。阿美诺菲斯四世决定放弃意为“阿蒙神的满意者”的名字，改名为“埃赫纳吞”，意为“阿吞神之灵”。伴随着神性的根本性变化，阿美诺菲斯四世采取了一项同样极端又周密的举措：放弃底比斯这座古老的都城，迁都到新的城市。新都位于中埃及，如今被称为“埃尔–阿玛尔纳丘地（Tell el-Amarna）”。

从无到有的都城

建造埃赫塔吞（意为“阿吞神的地平线”）城，是一个经过深思熟虑的决定。法老的建筑师不满足于将土地划分成小块，分给当地居民建造房屋的简单设计，而是有着一番精妙构想。首先，法老挑选一片合适的土地。这片土地位于现代城市米尼亚附近，西侧顺着尼罗河右岸一路延伸，东侧以一道向内弯的山脉为边界，形成一片形似大写字母 D 的区域。

然后，建筑师以帝王陵墓为起点，绘出新首都的设计图。15 块岩石界碑完美划出首都的地界，上面刻有代表王室夫妇的浮雕，以及定义城市边界的铭文。碑文中写道，（法老）向那些延伸到尼罗河西岸之外的土地和埃赫塔吞城许下承诺：“我必不会向南越过埃赫塔吞的南部界碑，亦不会从尼罗河下游越过埃赫塔吞的北部界碑，

“阿吞神的地平线”，埃及的新都城

阿美诺菲斯四世决定将自己的名字改为埃赫纳吞，放弃底比斯这座旧都，建造一座新的城市。他选择埃赫塔吞城作为新的都城，这座城市位于底比斯和孟菲斯之间，用来献给阿吞神。

埃赫塔吞城矗立在尼罗河东岸河面变宽阔处，置身群山怀抱之中。城中有一条主干道，大道两旁耸立着城中最重要的建筑。城市北面是王后妃嫔的宫殿所在地，南面是由两道献给阿吞神的墙围起的玛鲁-阿吞神庙。城市中央是大王宫，即法老的居所，王宫两侧是阿吞大神庙和行政场所。虽然如今城市四周的耕地已经对遗址产生了威胁，考古学家们还是成功发掘出不少当时的住宅，比如雕刻家图特摩斯的作坊。城中最富丽堂皇的府邸，便是建有郁葱花园的大庄园。这座城市曾激发了19世纪一代艺术家的想象力，如皮埃尔•亨利•夏蓬蒂耶（Pierre Henri Charpentier）曾在石版画上复原了它的原貌。

头戴双冠的埃赫纳吞

法老阿美诺菲斯四世，又被称为埃赫纳吞，在卡纳克的阿蒙神庙内建造了多座献给阿吞的殿堂，其中陈列着阿美诺菲斯四世以头戴双冠的新形象雕刻而成的大型奥西里斯雕像。（卢克索博物馆）

我就在这里为他（阿吞神）建造埃赫塔吞城。”

划定城市边界后，设计师再沿河岸由北向南规划城市的道路。埃赫塔吞城中的街道全部汇集到一条宽阔的中央大道，这条大道被称为“王室之路”，它不仅有实用功能，还具有象征意义：法老夫妇每天都会乘坐马车驶过这条连接王宫和市中心神庙的大道，代表太阳在大地上东升西落。

从城市遗址的发现到1981年皮特里（Petrie）的考古发掘，其间历经了一段漫长的考古研究，这让专家们得以辨别出城市的不同部分，（从北至南）依次为北城、北部宫殿、北郊、居住区（包括商铺和作坊

区）、市中心、首都的行政中心（正是在这里发现了王室亭阁、阿吞大神庙以及藏有《阿玛尔纳书简》的档案室）、南郊、达官贵人居住区、柯姆埃尔-纳那（Kom el-Nana）大神庙，以及一座两面墙围起若干座太阳祭坛的玛鲁-阿吞神庙（Marou-Aton）。

与国王建造的其他城市相比，这座阿吞神的新都城独具特色：城中道路并非棋盘布局，几乎所有道路都是不规整的。实际上，虽然城市的主干道相对较宽，但并没有相互交错成直角，因此城中几乎没有一条道路是笔直的。所有横向的小巷既狭窄又不规则。同样值得注意的是，达官贵人的居住区与工人的居住区极

阿吞神的伟大赞诗，新信仰的教义

阿吞教的伟大创立者埃赫纳吞为太阳神编写了一首赞美诗，并将它刻在埃尔-阿玛尔纳丘地的墓墙上。这首赞美诗最完整的版本被刻在13根立柱之上，保存于将军阿伊的坟墓中。学者发现，这首赞美诗与《圣经》诗篇104篇有诸多相似之处，而《圣经》被视为历史上第一个一神教的证据。不过，这首赞美诗中的主题远非原创，《棺椁文》和《阿蒙神赞诗》对其中提到的某些概念早已有所表达。赞美诗中有一段颂扬法老是与神共享知识的唯一之人，阿吞神是唯一之神祇，是大地万物的创造者。作为阿吞神的代表，埃及法老是唯一一个能直接与之沟通的人，这就解释了他为什么在这首赞美诗中反复出现。

❶ **太阳圆盘** 阿吞神出现在这一时期的所有场景中，表现形式为头戴“神圣毒蛇”的太阳圆盘，向大地散发光芒。

❷ **生命符号** 阿吞神的光线终点以手的形式表现，其中一些手上还刻有象形文字ankh，代表神赐给天选之人的生命力。

❸ **中间人** 按照埃及的宗教惯例，法老埃赫纳吞是神与民众之间唯一的中间人。

❹ **纳芙蒂蒂** 法老埃赫纳吞身边是他的妻子，浮雕中她的身形比法老小很多，她头戴双羽冠，向阿吞神献上莲花。

❺ **祭坛** 太阳神庙是开放的，祭品呈放在露天的祭坛之上，但信徒们永远都不得而见，因为他们不被允许进入神圣的围墙之内。

❻ **王室家庭** 埃赫纳吞和纳芙蒂蒂身旁是他们6个女儿中的两个，她们的名字被刻在上方的椭圆形装饰框中：梅丽塔吞（Méritaton）和梅克塔吞（Makétaton）。

从阿蒙神崇拜到阿吞神的胜利

第2年 阿吞崇拜的伊始

阿美诺菲斯四世在阿蒙神祭庙中建造四座献给阿吞神的神庙。

第5年 国王的名字

阿美诺菲斯四世将名字改为埃赫纳吞，即“阿吞神之灵”。他将都城从“阿蒙神之家”的底比斯迁到埃赫塔吞（埃尔-阿玛尔纳丘地），关闭所有其他神明的神庙，创立独尊阿吞神的一神教。

埃赫纳吞与纳芙蒂蒂的雕塑。
（巴黎 卢浮宫博物馆）

新世界观：阿玛尔纳现实主义

法老埃赫纳吞引发的混乱不仅仅局限于宗教。随着法老名字的更改和都城的搬迁，这一时期出现了一种全新的艺术表达方式，有些学者将它视为一种极端的现实主义。

阿吞神是大地万物的创造者，在埃赫塔吞的屋舍装饰中曾发现许多绘有动植物的壁画和方砖遗迹。一直以来，埃及艺术都是用来阐释王权下制定的规则。埃及艺术所表现出的庄严肃穆之感，只是为了反映君主制度永恒不变这一特征。然而，自埃赫纳吞时期起，在微风中摇曳的植物（代表阿吞神之灵）就被极为详尽地绘制在壁画之上，如在埃尔-阿玛尔纳丘地埃赫纳吞大宫殿的巨幅壁画中所描绘的那样。与植物的极端写实相反，阿玛尔纳艺术对于人脸的表现却是极为背离现实。一些历史学家在全身像或半身雕像中发现了这种失真的证据，如下页所示的阿玛尔纳公主像。对KV55号墓中木乃伊的研究，也证实了这一点：这些失真的细节只是为了符合国王自己设定的艺术规则。这两件文物如今在开罗的埃及博物馆展出。

王后的人物雕塑

王后身着褶裙，裙子面料为半透明状，如此阿吞神的光芒便能直接照射到她身上。（巴黎　卢浮宫博物馆）

为接近。在一座雄伟的宅邸四周环绕着多间简朴的民宅，是一件稀松平常的事儿。房屋的功能区似乎大致相同，但是布局略有不同。例如，无论是简陋的民宅，还是奢华的官邸，厕所似乎都是所有房屋中所具有的空间，人体排泄物在此处由专门的容器收集起来。

虽然无法精确统计埃赫塔吞城的人口，但粗略估计大约在20000至30000人之间。养活这么多人需要生产大量粮食，城中为此设立了食物供应中心。这些供应中心中最值得一提的是养猪场：猪被集中关在猪圈中，用谷物饲养。待它们长到一至两岁时，就会被拖到附近的屠宰场杀掉，

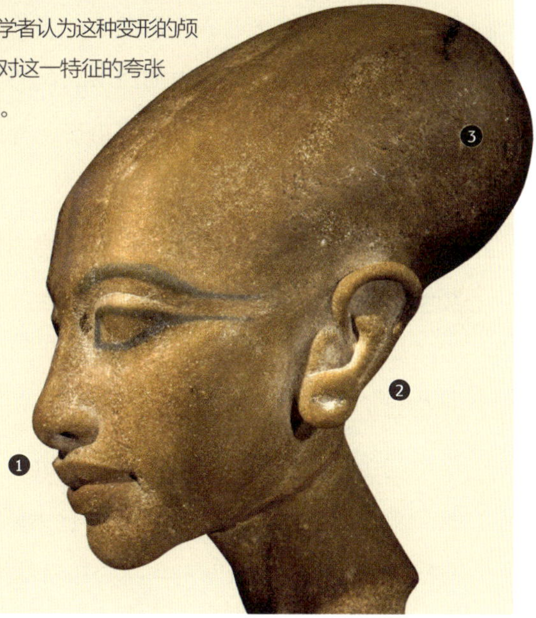

❶ **面部** 人物的面部线条精致细腻，嘴唇十分凸出，杏眼微睁，这是新王国时期埃及女性的表现风格。

❷ **耳朵** 一双大耳是阿玛尔纳面部典型特征之一。可以看到，为了能够戴上当时风靡宫廷的耳环，人像的双耳上打有耳洞。

❸ **颅骨** 埃赫纳吞家族木乃伊有一个不太明显的特征，学者认为这种变形的颅骨是对这一特征的夸张表现。

出于卫生考虑，屠宰场的墙壁上还会刷上一层石灰。然后，人们会腌制切好的猪肉，储存在陶罐中。

一神教

可能与人们想象的不同，埃赫纳吞独尊的阿吞神并非由他所创。埃及人曾用“阿吞”一词指代太阳圆盘以及太阳的光芒。图特摩斯四世和阿美诺菲斯三世统治时期，“阿吞”开始被视为来自太阳神的神圣力量，并自此一跃成为神祇，接受民众的崇拜。阿吞神是太阳发出的光芒，以光线的形式表现。如此我们可以更好地理解，为何在阿玛尔纳人的绘画中，太阳光线的终点是以小手的形式来表现。天空中永远明亮的太阳圆盘所散发的光芒，能够给法老及其家人带来活力（以安卡 ankh 的形式）。

崇拜阿吞神之所以重要，并不是因为整个埃及都崇拜这位新神，而是为了达成独尊阿吞神这一目标。首先需要说明的是，享有王名头衔、头戴“神圣毒蛇”的阿吞神实际上就是法老，并以法老的身份统治世界。此外，还应注意到的是，两土地的君主埃赫纳吞正是尼罗河流域居民所崇拜的对象，或者至少是新宫廷的贵族们的崇拜对象。因此，埃及法老不再扮演神与人的世界的中间人，他本身就被视作一位真正的神。

在新宗教中，阿吞神是世间万物的创造者，地上的人们只有通过他们的君主埃赫纳吞和王室家庭才能与神沟通。这就是为何人们常常在埃赫塔吞城的贵族官邸中发现崇拜王室夫妇雕像的祭坛的原因之所在：埃赫纳吞、他的妻子纳芙蒂蒂与阿吞神构成了神圣的三位一体。

与传统神祇不同，阿吞神不是隐藏于神庙中的神明。相反，每个人每一天都能看到他，感受到他的力量——来自太阳的温暖。阿吞神的崇拜仪式在神庙中举行，神庙内有大型的露天庭院，院中摆着几排祭坛，上面放有祭品。

新宗教的根本性变化之一在于重新定义死后会发生的事情。根据新的意识形态，死者不再去往来世，过一种与现世极为相似的生活，而是永远安息在自己的坟墓之中。坟墓成为死者的歇脚处。每天早晨，死者伴着阿吞神的光芒重生，与法老和王后在神庙重聚，一起祭拜神明，享受作为祭品的食物。夜幕降临，光线消失，死者再返回坟墓中安息。人死后的生活不再取决于奥西里斯的审判，而是要获得法老的首肯。

事实上，尽管清除了各种纪念性建筑物上的阿蒙神之名，埃赫纳吞创立的新宗教也并不能被视为是一神教。因信奉阿吞教而崛起的新贵们在底比斯的宫廷里无足轻重（或不重要），只有在新的阿吞宫廷中才能为自己争取到一席之地，因此，他们很有可能是不得不崇拜新神、国王和他的妻子。

然而，底层人民的情况却并非如此，他们依旧继续崇拜埃及的传统神祇，这一点从城市遗址中出土的大量代表贝斯神、荷艾瑞斯女神或荷鲁斯之眼的保护性护身符可以看出。因此，阿吞神崇拜更多应算是“单一主神教（hénothéisme）”，即宗教中崇拜多位神祇，但在某一段时间内，其中一位神祇完全凌驾于其他神祇之上。

发生这种根本性变化的原因尚未可知。某些学者认为，这只不过是一个简单的政治策略，旨在削弱阿蒙神的神职人员手中的权力和经济影响力，他们是当时国家土地的主要所有者。对于其他学者来说则正相反，他们认为埃赫纳吞是一个极富灵性之人，他试图借由自己的法老身份，向国民反复灌输自己的宗教信仰。这两种解释可能都不完全正确，因为仅仅过了20年，这场宗教改革就因为各种情况而被彻底动摇了。其中的缘由很难解释，但可能与国王的神秘主义以及政治和经济问题有关。

尽管阿吞教并不能算是真正的一神教，但它最终对犹太教产生了深远的影响，正如我们在《圣经》中所见的那样。阿吞教并不是公认的宗教，对阿吞教最完整的定义保存于阿玛尔纳的朝臣，也是埃及未来法老阿伊墓里的宏伟赞诗中。这首诗被称为“阿吞神的伟大赞诗”，可能是当时的埃及法老亲手书写。几个世纪后，它的内容、形式以及其中的一些文学意象都出现在了《圣经》的诗篇104篇中。

一种全新的艺术

这一时期艺术表现方式的根本性变化，与埃赫纳吞引起的意识形态混乱息息相关。埃及艺术极有辨识度，阿玛尔纳时期的特殊风格也很容易辨认。比如，在表现君主形象时，会给人一种雌雄同体的感觉，臀部宽大，胸腹部丰满，脖颈和面部（通过夸张人物的鼻子、嘴唇和颧颊来体现）拉长。许多学者认为这可能是一种退行性疾病所致，这种疾病会导致男性身体畸形，并对此提出诸多猜测。但是，木乃伊的鉴定显示，法老并没有任何身体缺陷。这种表现方式仅仅是一种艺术传统，目的是在法老与神结为一体的形象中呈现男性与女性的所有特征。

从技法角度来看，在阿玛尔纳艺术中，人体轮廓的绘制采用了一种新的格层

埃赫纳吞与纳芙蒂蒂

上图为一尊头戴传统蓝冠（khépresh），身着褶裙和草鞋的法老雕塑。法老双手捧着一盘将要献给阿吞神的祭品。这尊法老雕塑与埃赫纳吞的大多数形象不同，他的双腿呈现出并拢的姿势，这一行为象征着庄严肃穆（开罗　埃及博物馆）。第 97 页的照片中拍摄的是埃及艺术中较为著名、最美丽的文物之一：王后纳芙蒂蒂的半身塑像。缺失一只眼睛，也无法掩盖她目光中流露出的魅力。（柏林　新博物馆）

法。在装饰陵墓或雕刻浮雕时，埃及艺术家会先在墙壁上绘制一组线条，将画面划分为大小间距相同的网格作为参照点，定位人物和设计整体构图。在埃赫纳吞的统治以前，绘制男性人物立像时，整个身体一共占据 18 个方块（从脚底至腰部占据 9 个方块，身体的上半部占据剩余 9 个方块），而在描绘人物坐像时则仅占据 14 个方块（上半身和下半身各占 7 个方块）。绘制女性人物立像时同样使用 18 个方块，但下半身（从脚底至腰部）会占据 10 个方块，更能凸显女性的魅力。阿玛尔纳时期，为给人体全新表现方式中的典型圆润腹部和长脖颈留出空间，艺术家在整体构图上增加了 2 个方块。

当时无人通晓这种官方艺术的新特点，因此，正如一位宫廷艺术家在碑文中所写，君主本人亲自传授他这种全新表达方式的微妙之处。在获得法老亲传后，“首席雕塑家”巴克（Bak）便开始着手将这些知识传授给宫廷中的其他艺术家。

我们对阿玛尔纳艺术颇为感兴趣，不仅仅是因为它所描绘的内容或是所使用的现实主义技法，更是因为众多使用这种风格的知名艺术家。前面刚刚提到的巴克便是其中之一，但他不是采用阿玛尔纳风格创作的唯一艺术家，同样值得一提的还有雕塑家图特摩斯，他创作了埃及文化中最伟大标志性作品之一——纳芙蒂蒂的半身像。1912 年，考古学家在发掘埃赫塔吞城中图特摩斯的工作室时发现了这件作品，当时这尊半身像正与王室女性的其他半身像一起摆放在一间工棚里。很显然，这座城市在突

然间被废弃，以至这位雕塑家没来得及将自己的作品带走，抑或是并不想将它带走。城中的一切都被留在了原地——而古老的孟菲斯风格卷土重来，没有人会对一位逐渐失势的王室成员的雕塑表现出任何兴趣。

纳芙蒂蒂与埃赫纳吞的继任者

为了加强埃及王室家庭作为整体的神圣性，埃赫纳吞的统治期间，他的妻子纳芙蒂蒂在宫廷中具有与之等同的重要性。追随阿美诺菲斯三世之妻提伊的脚步，不论是在宗教方面，还是在政治方面，纳芙蒂蒂都是一位举足轻重的人物，这一点在许多文献中都有所体现。

例如，在底比斯为阿吞神建造的圣祠“奔奔石之家（Hout-Benben）”中，便以纳芙蒂蒂的人物形象为中心进行装饰。根据埃及的传统，只有君主才是神域与人间的唯一中间人，但这一特例表明，王后在意识形态上获得了与法老同等的地位。此外，考古学家曾在卡纳克发现成千上万块装饰砖（talalat），其中一些砖块上绘有纳芙蒂蒂挥舞刀剑或棍棒，准备了结跪在她面前的敌人性命的场景。虽然纳芙蒂蒂在这些场景中一直戴着后冠，但装饰砖中所呈现的王后形象通常用来描绘埃及的君王，这清楚表明她在帝国政治中的重要性。

不过，尽管从底比斯迁都到埃尔-阿玛尔纳丘地后，王后的政治影响力得到了进一步加强，但她始终都是以君王的女性补充角色存在。阿玛尔纳艺术中甚至还着重强调她的女性生殖特征：夸大她的身体曲线，使她的身形看起来像一个沙漏，与此同时突出她圆润的腹部，将她描绘成一位刚刚生育过的母亲。纳芙蒂蒂，是埃赫纳吞 6 个女儿的母亲，被视为埃及女性生育力的鲜活象征。

传统思想在广大民众心中根深蒂固，而新教义的代表人物是君主，并由宫廷高级官员和政治新贵强制推行，在这两种信仰相互碰撞而引发的混乱中，纳芙蒂蒂最终确立自己在埃及宫廷中的地位。她的地位一直无人动摇，直至突然有一天，她的名字从文献中消失了。为了寻找她消失的原因，我们有必要回溯到纳芙蒂蒂成为内芙尔娜芙鲁阿吞-纳芙蒂蒂（Néfernéferouaton-Néfertiti）的那一年。这个名字只不过是她诸多改名中的第一个。在其在位的第12年或第13年期间，她的名字又从内芙尔娜芙鲁阿吞-纳芙蒂蒂改为安柯-赫普鲁拉-内芙尔娜芙鲁阿吞（Ânkh-Khéperourê-Néfernéferouaton）。改名的理由非常充分，主要是出于政治上的必要性：王后的新头衔对于表明她成为王国的共同摄政者至关重要。所以，纳芙蒂蒂并未结束自己的政治生涯，而是以新头衔在政治和宗教上与她的配偶“平起平坐”。[9] 几年后，埃赫纳吞去世（他在位的第16年），王后纳芙蒂蒂走上了权力的巅峰：所有事实表明，她以摄政王的身份登上了两土地的王位，独掌大权。为了显示地位的变化，王后再次更名，将名字从安柯-赫普鲁拉-内芙尔娜芙鲁阿吞改为安柯-赫普鲁拉-斯蒙赫卡拉（Ânkh-Khéperourê-Semenkhkarê）。这个名字本应属于埃赫纳吞的继任者，由此可以推断，纳芙蒂蒂的所作所为是为了遵循第18王朝当权女性的惯例。

法老的去世进一步加剧了因迁都和宗教改革而引起的混乱。面对这种情况，纳芙蒂蒂不得不迅速采取行动以继续掌权。可惜的是，她似乎并没做出明智的决定，她所采取的诸多举措中牵涉到一个行为，而这一行为不仅在法老的意识形态中令人难以想象，对于埃及国家来说更是一种羞辱。[10] 在《阿玛尔纳书简》的一封书信中，一位以通用头衔标识的埃及女王（其名不详，不确定是否是纳芙蒂蒂本人）写信给赫梯王国的统治者，自称是一名寡妇，她不信任她的朝臣，也不希望任何一位臣民做她的下一任丈夫。为此，她写信询问亚洲的君主是否能派遣他的一个儿子前往埃及，成为她的配偶和埃及的法老：“我的丈夫去世了。我没有儿子。但是，我听说你有很多儿子。如果你愿意送一个儿子给我，他会成为我的丈夫。我绝对不会从我的仆从中挑选一人做我的丈夫！”

面对这一匪夷所思的请求，萨皮鲁琉马斯（Souppiloulliouma）深感疑惑，于是决定派遣使者前往埃及，以确定这不是政治上的阴谋。使者最终查明，沉浸在悲

[9] 赫普鲁拉这个名字本应属于埃赫纳吞的继任者，纳芙蒂蒂使用这个名字，表明她作为埃及统治者的身份。——译者注

[10] 女王不合适的举措就是后文让赫梯送一位王子来埃及当国王，这一行为对于埃及国家和法老意识形态来说都是一种羞辱。——译者注

伤中的女王的确并未策划对赫梯王国实施诡计。而在另一封信中，女王再次重申她的请求，谴责赫梯国王将她视为说谎之人，并最终说服了他。由于意识到与两土地联姻能给赫梯王国带来巨大的政治优势，萨皮鲁琉马斯迅速把他的一个儿子送往尼罗河流域。可惜一切都太迟了。女王的反对者已经发现了她的手段，并派遣分遣队拦截了这位赫梯王子……之后再也没听到过有关他的消息。这次袭击导致埃及与赫梯王国陷入了长年累月的战争，也为女王保住王位赢得了最后的希望。[11]然而，在掌权仅几年后，为了稳固图坦卡蒙（Toutankhamon）的地位，斯蒙赫卡拉[12]这个名字便从历史文献中突然消失了。

从图坦卡吞（Toutankhaton）到图坦卡蒙

图坦卡蒙无疑是埃及最著名的法老之一，但不是由于他的文韬武略，而是因为1922年人们在他的陵墓中发现了大量珍宝。

当以图坦卡吞之名加冕时，他和不少先辈一样，登上王位之时还是个孩子。但是与其他君主不同的是，这位新君身边没有一位足够强大的女性，能为这个年仅9或10岁的孩子承担摄政职能。在这种情况下，摄政的重任落到了将军霍伦希布身上，在法老统治的短短10年间，他一直是政府的中流砥柱。虽然不是王室成员，但因为他是埃及军队的总统领，霍伦希布深谙权力之道。如果图坦卡蒙和他的妹妹安海森帕阿吞（Ânkhesenpaaton）没有后代存活下来的话，鉴于霍伦希布的摄政王身份，他便会是图坦卡蒙的指定继任者。因此，虽然说是图坦卡蒙结束了他的父亲埃赫纳吞的宗教改革，但更确切来说，应该是摄政王霍伦希布将军做出这样的决定。

直至不久前，人们还无法确定帝王谷KV55号墓中的木乃伊是否就是埃赫纳吞本人。不过通过基因分析，专家将这具据说是埃赫纳吞的木乃伊与第18王朝唯

[11] 原文未解释为何是帮助女王保住王位，可能是反对派与赫梯王国交恶，文献中仅说明了女王在埃赫纳吞去世，国家濒临崩溃之际力挽狂澜，对于纳芙蒂蒂的生平至今还有很多谜团未解。——译者注

[12] 前文提到过女王的名字从“安柯-赫普鲁拉-内芙尔娜芙鲁阿吞”改为“安柯-赫普鲁拉-斯蒙赫卡拉”（Ânkh-Khéperourê -Semenkhkarê）。——译者注

图坦卡蒙的真实家谱

对帝王谷一系列木乃伊的最新 DNA 分析，使得以极为精确的方式追溯图坦卡蒙直系亲属成为可能。

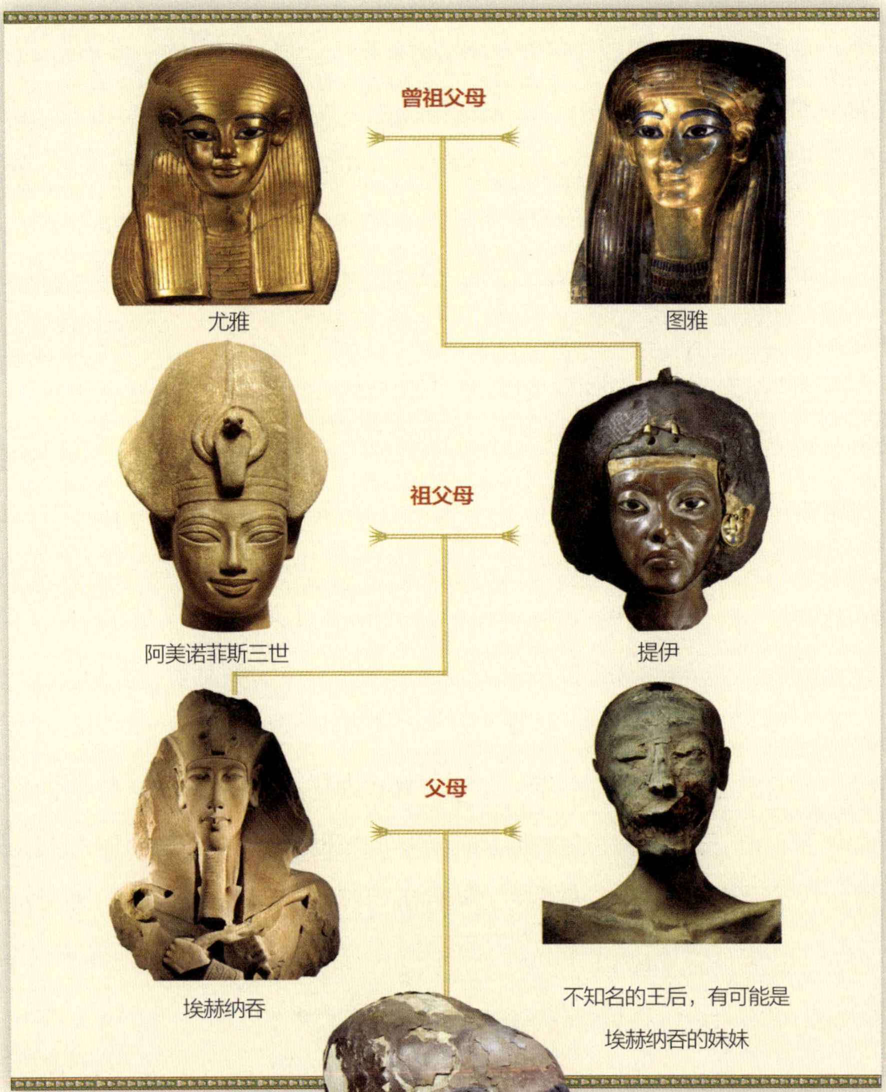

图坦卡蒙 少年法老，从莲花之中诞生的创世神。（开罗 埃及博物馆）

一一具身份确定的木乃伊（图坦卡蒙）的DNA进行了对比，从而确定了两者之间的亲属关系。基因分析还表明图坦卡蒙是埃赫纳吞与他的一位姐妹所生之子，她的名字尚未可知，现被人称作“年轻女士（Jeune Dame）”，葬于帝王谷（KV35号墓）阿美诺菲斯二世墓中。

图坦卡蒙只在阿玛尔纳住了很短的一段时间，之后便回到了传统都城底比斯，并在那里彻底颠覆了承自父亲的宗教政策。此外，他还将自己的名字从图坦卡吞改为图坦卡蒙［他的妹妹兼妻子也更名为安海森帕阿蒙（Ânkhésenamon）］。多年之后，霍伦希布在他的加冕铭文中暗示，在埃赫纳吞和他的继任者（纳芙蒂蒂）去世后，宫廷里发生了诸多突发问题，鉴于这种境况他选择了迁都。这一举措看起来也很合乎逻辑，毕竟那时的君王只是一个受摄政王摆布的孩子。尽管图坦卡蒙带着他的王廷返回了底比斯，但是埃赫塔吞城的居民仍然在那里居住，这座城市多年后才被废弃，被黄沙吞噬。

图坦卡蒙在统治的第4年颁布了一项法令，旨在恢复阿吞神崇拜以前的正统宗教。在“复兴碑”的碑文中清楚写道，阿玛尔纳的“异端”已远远超出了宗教范畴：图坦卡蒙恢复了众神的尊严，让他们再次得到尊崇，并表示会继续向众神贡献祭品。这份文献阐释了君主和王廷回归传统信仰的原因——众神对独尊阿吞神极为不满，他们抛弃了埃及，不再回应信徒的祈祷。这一切致使埃及在叙利亚-巴勒斯坦地区遭遇军事挫败，最终赫梯帝国征服米坦尼，导致埃及丧失了对巴勒斯坦北部部分地区的影响力。相比于维护埃及在地中海世界中的地位，埃赫纳吞似乎更关注国内的政治状况，而这种偏向性的后果最终显现出来。

图坦卡蒙去世时年仅19岁，死因尚不清楚，对他的木乃伊进行分析也未得出任何结论。最有可能的猜想是暗杀，CT扫描显示，在未对图坦卡蒙的木乃伊进行任何处理前，其颅内头骨碎片就已经脱落（由此推断他生前可能头部曾遭重击）。然而，人们无法确定，图坦卡蒙是因为木乃伊脚上发现的坏死组织导致的细菌感染去世，抑或是木乃伊中发现的疟疾抗体证明了图坦卡蒙曾感染疟疾而身亡。实际上，

如果不是因为图坦卡蒙的陵墓和木乃伊被完整发掘出来，史书上几乎不会提及他的名字。

图坦卡蒙墓的发现与研究，归功于考古学家霍华德·卡特的才智与耐心，以及卡纳冯勋爵源源不断的资金支持。1922 年 11 月，图坦卡蒙墓的发掘引起了巨大的国际反响，并一直持续至今，如今与图坦卡蒙有关的一切依旧能引起人们极大的兴趣。

在帝王谷 KV62 号墓中，卡特发现了一座墓穴，在封闭后被盗墓贼盗掘了两次。可能是由于在盗掘过程中遭遇守陵人，盗墓贼只来得及盗走一些珍贵的香水、香膏和香精油，以及像戒指这样的小型珠宝。除此之外，这座小型墓穴中随

王后为图坦卡蒙涂香水

这块浮雕出自图坦卡蒙陵墓前厅的一座小祭坛，描绘了安海森帕阿蒙为她的丈夫涂香水的场景。这块木雕上镀有黄金，并绘有王室夫妇的形象，现存于开罗的埃及博物馆。

图坦卡蒙的假想军事功勋

由于统治时间极为短暂，图坦卡蒙没有机会发起大规模的军事远征。但在他死后，霍伦希布将军发动了与赫梯之间的战争。不过，在他墓中发现的一些物品上，如镀金木箱，绘有法老与埃及的敌人战斗的场景。尽管这些场景出现在法老墓中，但那只是象征性的画面，并不能代表它们在历史上真实发生过。（开罗 埃及博物馆）

处可见的其他物品，如家具、战车、雕塑和装满衣服的衣箱，都保存完好。

尽管只有四间中等大小的墓室（一间前厅，一间耳室，一间主墓室和一间藏宝室），这座小型陵墓中的藏品却极为丰富，专家们花了 10 年时间才将它清空，做好研究其中文物的准备工作。很明显，这座坟墓原本是为一位王公大臣所开凿，但是由于图坦卡蒙的突然死亡，它被改成了法老的陵墓，图坦卡蒙死后被匆匆葬在此处。

❶ **埃及军队** 箱子的其中一端绘有组织有序的埃及军队：弓箭手和投掷手举着仪仗扇，站在法老身后。

❷ **图坦卡蒙** 作为埃及军队的主要首领，法老身先士卒，以示自己的勇敢。他头戴蓝冠，这种王冠在新王国时期的国王形象中极为常见。

❸ **被征服的敌人** 当图坦卡蒙在战场上策马奔驰时，敌人在他的身后不断倒下，有些敌人被他的战车无情地撞倒，残忍地践踏，最终死于车轮之下。

❹ **法老的战马** 为了更好地战斗，法老从他最好的战马中挑选出了两匹，将它们盛装打扮。在这幅肖像画中，战马的尺寸远大于敌人。

❺ **战斗** 由于法老的英勇善战，敌人被屠杀殆尽。木箱两侧的画面相同，相互对称，描绘了法老与努比亚人战斗的场景。

❻ **埃及士兵** 在努比亚人中间能够发现一些埃及士兵的身影，他们的特征是浅色皮肤，手持盾牌。

❼ **王室椭圆形装饰框** 法老正对面有两个椭圆形装饰框，框中刻有图坦卡蒙的王名头衔。

将军阿伊

虽然在图坦卡蒙墓中有两具婴儿的木乃伊，但鉴于他死后没有留下活着的后嗣，自第 17 王朝初起便统治埃及的王室男性血脉就此断绝。在图坦卡蒙短暂的统治后，王权落在了宫廷中最有影响力的两个人之一——“军队指挥官”阿伊手中。令人意外的是，当时的大权并没有掌握在摄政王霍伦希布将军手上。这可能是阿伊暗中操纵的结果，反映出君主更迭时期政局的动荡不安。实际上，由于书信都是匿名书写，前文那位请求

阿伊将军与昙花一现的年轻法老图坦卡蒙

少年法老死后，由于没有后嗣继承王位，图坦卡蒙的远亲阿伊将军被选定为坐上埃及王座之人。

阿伊在埃赫纳吞时期就开始步步高升，正如我们在浮雕中所看到的那样，画面上描绘的是阿伊在埃尔-阿玛尔纳丘地获得“奖赏黄金”勋章时的场景，这块浮雕现存于开罗的埃及博物馆。在图坦卡蒙的统治期间担任总理大臣和圣父等高级职能，让他得以跻身继承人序列。为了王室血统不中断，他娶了图坦卡蒙的遗孀安海森帕阿蒙王后。阿伊去世时，由于他没有孩子，王权并未如他所愿由他指定的继任者继承，而是将军霍伦希布接替他继承王位。除了继续美化卢克索神庙的外观之外，阿伊似乎还对艾赫米姆（Akhmîm）城格外偏爱，可能因为那是他的出生地。

赫梯国王送个儿子给她当埃及法老的女王，极有可能是图坦卡蒙的遗孀，而非纳芙蒂蒂。

图坦卡蒙去世之时，霍伦希布似乎正在与赫梯人交战，并在卡迭石大败赫梯。对于阿伊来说，这是一个千载难逢的好机会。图坦卡蒙陵墓（阿伊作为祭司 sem，负责丧葬仪式）中的装饰非常清楚地显示出，阿伊负责图坦卡蒙的葬礼，这让他成了图坦卡蒙的合法继承人。霍伦希布被迫退居次要地位，最终，阿伊选定纳赫特（Nakhtmin）为他的继任者：他自知年事已高，想要把王位传给他的外孙。在成为法老后4年，阿伊去世，没有留下任何相关的外交文献。因此，在他当政期间，埃及与叙利亚–巴勒斯坦地区和努比亚和平与否，我们不得而知。

在阿伊的短暂统治下，国内政治状况显然极为“严峻”，这一点在诸多细节中都有所体现。事实上，阿伊死后，王权并没有由他指定的继任者继承，而是霍伦希布将军以某种不为人知的方式重掌尼罗河流域的大权。除此之外，阿伊的名字还被从许多纪念建筑物（包括他的陵墓）上抹去，他的形象也被大范围消除。

霍伦希布，复兴者

短短几年内，霍伦希布便重掌阿伊从他手中夺取的全部权力，开启一段颇为繁荣和平的统治时期。不过，他的具体统治时长却不得而知。虽然有关霍伦希布的埃及文献最晚只到他在位的第13年，但某些遗作和巴比伦年表却表明，他的统治实际上持续了近30年。

长期担任将军一职的霍伦希布曾下令在塞卡拉建造一座重要的陵墓，里面保存着一些精彩的浮雕，雕刻了他军事生涯中的各种场景。不过，当他成为两土地的主人后，霍伦希布选择位于帝王谷（KV57号墓）的另一座陵墓作为安息之地，墓中布置精美的浮雕和绘画，但让人印象最深刻的一点是，陵墓最终并未完工。这项工程似乎在突然间被废止，这种特殊情况赋予了它极高的研究价值，它提供了埃及工匠在地下陵墓中各个劳作阶段的大量信息。

国王与妻子的雕塑背后，绘有霍伦希布人生的几个重要瞬间，如登上王位、成为法老后做出的最初决策（现存于都灵的埃及博物馆）。雕刻铭文写道，为了其他神祇的“最大福祉”，胡特–内斯特（Hout-Nesout）的荷鲁斯神选择霍伦希布将军来承担法老这一职能。荷鲁斯在奥佩特节上将霍伦希布介绍给阿蒙神（在节日游行中，霍伦希布将阿蒙神的雕塑送到卢克索的卡纳克神庙），并最终为他加冕。霍伦希布

众神之中的霍伦希布

除了他身为将军时在塞卡拉建造的坟墓外，霍伦希布登上王位后，还在帝王谷开凿了另一座陵墓。与阿玛尔纳时期的陵墓一样，这座纪念性建筑中装饰的彩色浅浮雕沿着线性轴铺开。墓墙上刻着《地狱之书》，而非《阿姆杜阿特之书》，这在那个时代还是颇为别出心裁。

继位后，传统埃及诸神的“福祉”得到了极大满足，因为他不仅将阿吞神的名字从所有铭文中抹去，还抹去了前任法老们（即埃赫纳吞、纳芙蒂蒂等信奉阿吞神之人）的名字，甚至还拆掉了图坦卡蒙的祭庙。

正如《霍伦希布法令》中所写的那样，霍伦希布非常明确地表达了复兴埃及的愿望，并详细介绍了为达成目标所需采取的一系列措施。这份文本涉及管理国家的方方面面：为制止虐待官员和政府腐败所采取的行动，将财产归还给因不当征税而惨遭劫掠的民众，制定王宫礼仪，明晰不同管辖机构的职能，指派祭司（在军队中挑选）到重新开放的神庙，等等。

霍伦希布的第二任妻子名为穆特诺德耶美特（Moutnedjemet，常被认为是与纳芙蒂蒂同名的妹妹，但目前没有官方证据能够证明这一点），死后没有留下任何后代。穆特诺德耶美特王后被葬在了霍伦希布位于塞卡拉的陵墓中，她的骸骨显示她曾多次生育，并可能是在即将生产或是分娩过程中死去的，新生儿被葬在她的身边。和许多古代女性一样，为了给国王留下一个继承人，她付出了自己的生命。随着霍伦希布的去世，埃及历史翻开了全新的篇章，标志着第 19 王朝的开始。

拉美西斯一世与新王朝

遵循阿伊建立的传统，霍伦希布在军队中挑选了他的继任者。他选中的是帕拉美苏（Paramsès）将军，他的履历十分亮眼，如他的一座雕塑 cursus honorum（拉丁文，意为“荣耀之路”）中详细记载的那样：步兵部队长官、骑兵部队长官、要塞管理者、尼罗河口管理者、国王的战车车夫、国王的外交使者、王室书记员、军队指挥官、两土地的将军、诸神祭司的管理者、国王在上下埃及的代表、拥有希拉康坡里（Hiéraconpolis）荣誉头衔的审判者、玛阿特的祭司以及摄政王。登上埃及王座，标志着帕拉美苏辉煌事业的巅峰。拉美西斯一世成了第 19 王朝的第一位君主，并拥有一位可以传承法老头衔的男性后裔。

现存有关这位法老的文献极少，这也并不奇怪，因为他仅仅统治了一年时间。不过，在这一时期，他的儿子塞提已然深入涉足国家统治，积极参与政治生活，虽然不能确定他是否算是拉美西斯一世的共同执政者。

阿玛尔纳时期对埃及的影响

尽管法老最终将名字从图坦卡吞改为图坦卡蒙，并制定回归传统宗教的政策，不禁给人留下这场改革什么都没能改变的印象。实际上，阿吞神统治的那段时期，对古埃及宗教生活的方方面面产生了不可忽视的影响。它对埃及意识形态最根本和最具影响力的改变在于，让人民重新理解诸神以及人与神之间的关系。在改革前的两个多世纪里，阿蒙神不再是国家的守护神，而是神权政治的主导者。[13] 阿蒙神统

[13] 这里的意思是，原本阿蒙神是埃及的守护神，但是在埃赫纳吞改革之前，阿蒙神的神职人员所代表的神权越过了王权。——译者注

胜利者的旅程：霍伦希布，一位军官出身的国王

将军霍伦希布又名帕阿吞内姆霍布（Pattonemheb），在埃赫纳吞统治时期，作为一名书吏，开启了自己的政治生涯。在权力阶层中一级级努力攀爬，到图坦卡蒙时代，霍伦希布成了上下埃及的王储，国王在两土地的代表以及两土地的将军。阿伊死后，由于没有其他后嗣，霍伦希布获得了自己的荣耀时刻，加冕成为埃及法老。

霍伦希布出身平凡，最开始只是一名普通官员。在霍伦希布位于萨卡拉的坟墓中，他被描绘成一名书吏的形象。随后，他在军事舞台上迅速脱颖而出，在图坦卡蒙统治时期曾负责埃及军队在近东地区的战役。尽管遭遇过几次失败，但他的策略还是有效阻止了外敌的入侵。在他位于萨卡拉的墓中，不少浮雕显示他可能曾率领远征军前往努比亚地区。尽管法老阿伊提名的继任者是另一位将军——纳赫特旻，但他的突然去世将霍伦希布推上王位。上图，母牛女神哈索尔正在哺育法老霍伦希布。（佛罗伦萨国立考古博物馆）

治着埃及，通过各种各样的神谕向人们传达他的愿望，而这些神谕很明显为大祭司所掌控。

除此之外，精英与贵族的墓葬也出现了一些显著变化。有些人开始使用小型金字塔形式的神庙，死者似乎希望拥有一个无须法老介入而随时能够崇拜神祇的场所。因此，奥西里斯神的地位也变得更加重要。在大部分描绘死者敬神的墓葬场景中，死者不只崇拜一位阿蒙神，而是多位神祇。王室陵墓也没能逃脱这些变化所带来的影响。自塞提一世起，受阿玛尔纳埃赫纳吞墓设计的影响，每座王陵都调整为完全呈一条直线的结构布局。

贵族墓葬

德尔埃尔-梅迪纳的工匠村旁是底比斯高级官员的墓葬区，其中保存有许多精美绝伦的墓葬装饰。如图，市长塞内杰姆（Senedjem）坟墓的装饰壁画，描绘了他与妻子从无花果夫人（Dame du sycomore）手中接受祭品的场景。

档案：图坦卡蒙墓

当霍华德·卡特沿着楼梯找到一条被墙封死的通道，发现墙上还刻有印章标记时，他突然意识到自己刚刚发现了一座极为特殊的坟墓，这座墓很有可能还保存完好。

作为考古学家，霍华德·卡特早年间曾参与威廉·马修·弗林德斯·皮特里（William Matthew Flinders Petrie）领导的埃赫纳吞城考古发掘工作。在其他考古现场工作9年后，他加入了文物局，并先后被任命为上、下埃及遗迹发掘的总监督官。1905年，因与一群醉醺醺的法国游客发生口角后拒绝道歉，卡特不得不辞去这一职务。随后，他在卢克索定居下来，通过售卖画作给游客以及做古董生意来维持生计。两年后，遭遇了交通事故的卡纳冯勋爵在医生的建议下来到埃及疗养，并在这里结识了卡特。他聘请卡特为他的私人考古学家，并委托卡特代为完成他的心愿，在埃及进行考古发掘。两个人之间这种新颖的关系，为世界带来了史上最伟大的考古发现之一。

在1921年，尽管有一些值得注意却意义不大的发现（这位尽职的考古学家在他的记事本中记录了多达432个小发现），卡纳冯勋爵还是决定停止资助卡特的发掘工作。不过，卡特成功说服卡纳冯勋爵在放弃之前最后再支持他一次。事实证明，卡特没有辜负卡纳冯勋爵对他的信任，两个人共同的梦想在1922年10月4日这一天成为现实：在开凿拉美西斯六世陵墓的工人们居住的小屋下，卡特发现了一条楼梯，这条楼梯通往一条被墓墙砌死的通道，墙上刻有代表陵墓的印章标记。这只能意味着一件事：这面墙后是一座几乎保存完好的陵墓，因为盗墓者至少在这堵墙上打了两次盗洞均未打通。那么，这堵墓墙是用来阻止盗墓者侵入哪位大人物的来世安息之地？是一位贵族，还是卡特在帝王谷寻找多年的那位孤僻的法老？又过了好几周，这个问题的答案才浮出水面，因为在发现楼梯后，卡特必须给他的资助者发

黄金面具 这一面具属于法老图坦卡蒙，出自他在帝王谷中的陵墓。（开罗 埃及博物馆）

图坦卡蒙墓及宝藏的发现者

霍华德·卡特的父亲是一位颇负盛名的自然主义插画家，卡特从小就在父亲的训练下学习绘画。17岁时，卡特移居埃及，成为《埃及考古调查》(*L' Archaeological Survey Of Egypt*)的一名制图员。随后，他加入了皮特里组织的考古发掘项目。皮特里是这样形容卡特的：他是一个善良的孩子，但注定不可能成为一名埃及学家，因为对他来说其他事情似乎更有吸引力。年轻的卡特曾对德尔埃尔-巴哈里的浮雕进行临摹，画技甚为精湛。卡特性格坚忍，如果他自认是对的，就绝对不会做出让步，这一点给他带来了巨大的麻烦。比如，面对那些逃票进入萨卡拉的坟墓，还袭击了阻止他们的埃及保安（在卡特的授权下，保安可以采取必要的自卫手段）的法国游客，他宁愿辞职，也不愿向他们道歉。在上埃及逗留期间，卡特发现了6座王室陵墓。

电报，告知这个好消息，等待资助者前来。11月23日，卡纳冯勋爵和他的女儿伊芙琳夫人（lady Evelyn）抵达卢克索，这座陵墓终于在3天后的凌晨4点被打开。他们需要做的只是在第二堵墓墙上打一个洞，再点上一盏油灯……然后，见证考古界重要奇迹的时刻终于到来了，用卡特自己的话说："最初，我什么都看不见，从墓室中溢出的热气让烛光摇摆不定。不过没过多久，一旦我的眼睛适应了光线，房间里的细节便在雾气中逐渐显现，奇怪的动物、雕塑和黄金，到处都是黄金。"

在采取了一切必要的措施后，卡特、卡纳冯勋爵、伊芙琳夫人和亚瑟·卡伦德（Arthur Callender）4个人进入了墓室，然后目瞪口呆地返回各自的住处，陷入深深的思考。他们发现进入其他房间的通道全部是密封的，不论是左侧还是右侧，所以，这座陵墓在完整发掘后一定会更加壮观。前厅右边墓墙的两侧，立着法老的两尊守护雕像。地面中央有一条看起来是事后填埋的通道，正式打开陵墓的前一天，卡特和卡纳冯勋爵很可能对这条通道进行了清理。随后，两个人与伊芙琳夫人一同进入墓室，以探察图坦卡蒙是否完好无损地躺在石棺中，以及墓中的另一间"藏宝室”。可怜的卡伦德是卡特的信赖之人兼朋友，由于他的身形超过通道口的大小，无法与卡特一行人一起进入墓室。在随后拍摄的照片中可以看到，他们用一只大篮筐和一捆芦苇盖住了洞口。这显然是为了避免洞口暴露在镜头前过于尴尬，不想被媒体拍下来而事先做好的准备。

由于这项发掘任务规模庞大，研究小组迅速向布雷斯特德（Breasted）、加德纳（Gardiner）、梅斯（Mace）、卢卡斯（Lucas）等顶级埃及学家发出邀请，寻求合作。等待这群顶尖埃及学家们的是经年累月的工作：卡特花了 10 年时间才将整个地下陵墓清空。借助一整套详细的编号系统，专家们能够识别每件文物的出处：首先，在每件文物的原始位置拍照留底；其次，详细描述文物的形制大小，并在卡片上进行临摹；最后，再次拍照记录。

图坦卡蒙墓的发现引发了媒体轰动，卡纳冯勋爵与伦敦日报《泰晤士报》签订协议，把有关图坦卡蒙陵墓发掘的独家报道权卖给了《泰晤士报》。这一举动引起了轩然大波，让其他报纸极为愤怒，以至他们后续报道了不少有关发掘的负面新闻。这种情况同样引起了文物局局长（法国人拉考）和埃及当局的不满。卡纳冯勋爵的突然去世，让发掘的形势变得越来越严峻。卡特不得不放弃图坦卡蒙陵墓的发掘工作。文物局借口卡特等人未能遵守合同条款，借机收回发掘特许权。自此之后，卡特一直郁郁寡欢，直至埃及军队总司令遭到暗杀，一位英国官员被派往埃及解决局势，并要求仁慈的君主（Gracieuse Majesté）[14] 重掌埃及保护权。最终，卡特得以重返图坦卡蒙陵墓，重操旧业。然而，《泰晤士报》自此失去了在发掘报道中的垄断地位，而卡纳冯家族也不得再要求分得图坦卡蒙墓中的任何物件（原则上，陵墓发掘的负责人和埃及当局应平分发掘出的文物）。事实上，不久之后，卡纳冯家族便失去了宝藏的所有权，虽然埃及政府已向他们支付了 36000 英镑的赔偿金。图坦卡蒙墓的发掘，最终是在埃及国家预算和卡特本人的资助下完成的。此时，卡特终于能够全身心地投入到考古工作中，并按照自己的意愿清空整座陵墓。1939 年，卡特去世，尚未来得及发表他关于图坦卡蒙墓及其文物的研究成果和结论。

[14] 此时埃及还实行君主制，当时的君主为福阿德一世。——译者注

用来保存内脏的金龛

在将一具尸体制成木乃伊时，尸体内的部分器官会被取出，单独制作成木乃伊，保存于专门用来放置尸体内脏的白色瓦罐中，由荷鲁斯的 4 个儿子分别守护：长着鹰首的克贝克塞努弗（Kébehsénouf）负责守护肠；长着豺首的杜阿木忒弗（Douamoutef）负责守护胃；长着人首的艾姆谢特（Amset）负责守护肝脏；长着狒狒首的哈碧（Hâpi）负责守护肺脏。图坦卡蒙的内脏保存于 4 个圆柱形容器中，容器盖为人首形状。这 4 个容器被装入埃及雪花石膏雕刻而成的石匣中，放置于一座小型金龛内。石匣的立面上绘有 4 位不同的女神，她们用双臂保护着荷鲁斯的儿子们和法老的内脏：塞尔凯特守护着克贝克塞努弗，奈斯守护着杜阿木忒弗，伊西斯守护着艾姆谢特，涅芙狄丝守护着哈碧。雪花石膏匣被固定在一辆木制滑车上，上面覆盖着一层亚麻布罩，然后被人抬入一座镀金的木制神龛。神龛顶部饰有带日轮的眼镜蛇样式的带状装饰框缘，安置于一座饰有同样框缘的镀金木制拱顶之下。拱顶每一面亦由雪花石膏箱上的四位女神守护：伊西斯、涅芙狄丝、塞尔凯特和奈斯。法老被制成木乃伊的内脏外，还有一座圣柜保护，长为 1.5 米，宽至少为 30 厘米，高约 2 米。这座小型圣柜的椭圆形装饰框中绘有安柯 - 赫普鲁拉写给图坦卡蒙的铭文，表明棺中那套保存内脏的白色瓦罐本是为另一位君主所造，但因埃赫纳吞之子早夭，故而为他所用。

努特女神欢迎法老的到来 上图为图坦卡蒙主墓室壁画的细节图，壁画描绘了努特女神在开口仪式后欢迎图坦卡蒙的场景。

图坦卡蒙地下陵墓偏小的尺寸（最大的墓室为主墓室，长仅 6 米，宽仅 4 米）及其特殊的布局似乎表明，这座陵墓最初是为一位重要人物所开凿，但绝非是为一位法老所建。为了安葬那位恢复埃及阿蒙神正统教义的君主，这座陵墓恐怕是在匆忙中被临时征用。

尽管陵墓尺寸较小，仅仅对放置石棺的墓室进行了装饰，但装饰却颇为完整。东墙上绘着一座木制神庙，里面放置着法老的石棺和人形套棺，正被一群贵族拖拽着，在他们之中，就有埃及当时的两位维西尔。壁画延至北墙，墙上描绘着图坦卡蒙的继任者——老将军阿伊，身着祭司的传统豹皮服饰，举行葬礼仪式的场景。这一仪式是为了让图坦卡蒙能够在来世受到努特女神的欢迎，并让他的卡（灵魂）接

少年国王的陵墓

霍华德·卡特是踏入这个保存基本完好的埃及法老陵墓的第一人。然而，墓中文物几乎没能提供有关这位少年君主的任何信息。这座小型陵墓最初是为一位官员所建，在法老死后才仓促改建而成。因此，墓中空间极为逼仄，无法容纳法老的全套陪葬品，而且墓葬建筑群内部的每个房间都是集建筑功能和仪式功能于一体。一道16级台阶的楼梯和一条走廊向下直通前厅和耳室。从前厅右手边向下，可以到达与藏宝室相对的主墓室入口。

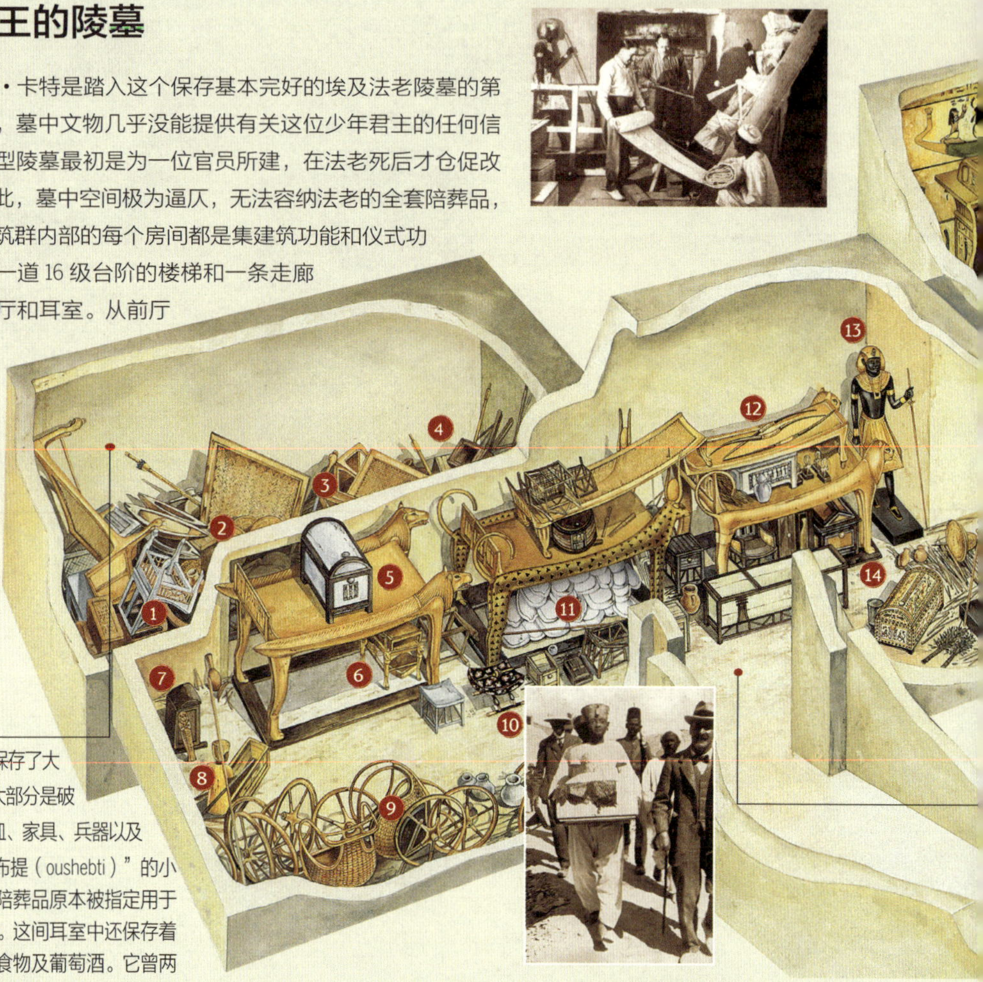

耳室 耳室内保存了大量陪葬品，但大部分是破损的，包括器皿、家具、兵器以及被称为“乌萨布提（oushebti）”的小雕像等。这些陪葬品原本被指定用于其他墓室之中。这间耳室中还保存着精油、香膏、食物及葡萄酒。它曾两次遭到盗墓贼的盗掘。

❶**靠垫** 墓中共发现8张祭祀用的圣床，高为18厘米，为了使之更为舒适，床上还配有一只靠垫。

❷**石制器皿** 陵墓中有80多个器皿，大部分是用雪花石膏雕刻而成。绝大部分器皿出自耳室，里面装有香水、香膏、精油和葡萄酒。

❸**旅行折叠床** 木制旅行床呈Z形，全长1.79米，打开后总长可翻倍，为确保折叠床的牢固性，配有铜铰链和四只备用的床脚。

❹**塞尼特棋（Senet）** 耳室中出土了大量桌游，其中包括6颗埃及当时流行的塞尼特棋子和一个棋盘。在玩这种桌游时，玩家须在不少于30个方格的棋盘中移动棋子，进行对决。

❾**战车** 墓中总共出土6架战车：前厅4架，藏宝室2架，其中几架包金并饰以镶嵌物的战车用于举行仪式，另一些则用于狩猎或战争。

❿**折叠凳** 木制折叠凳通体漆成黑色，镶嵌有大理石，造型如同在椅子上铺了一张豹皮，尾巴垂在椅背之上。

⓫**木箱** 木箱通体漆成白色，箱内铺有一层黑色树脂，用来储存来世的生活必需品，如鹅、牛排等。

⓬**武器** 法老的防御武器与他的木乃伊一起埋葬于墓中，有弓、箭、匕首、回旋镖、剑、盾牌以及一套皮革制成的甲胄。

⓱**石棺外层** 石棺外层用石英岩雕成，每面饰有长着翅膀的女神画像。在将棺椁移送至陵墓的过程中，红色花岗岩棺盖曾遭到损坏。

⓲**神奇的陪葬品** 墓中出土了大量可谓“神奇”的陪葬品，如两根支柱之间发现的黑色赫斯花瓶（vas-hes）。

⓳**阿努比斯** 宝藏和白色瓦罐（存放木乃伊内脏）的守护者阿努比斯身上覆盖着一层亚麻布，伏在一座放置与木乃伊有关物品的包金木制祭坛之上。

⓴**珠宝与护身符** 作为陪葬品中必不可少的物品，珠宝和护身符被放置在木乃伊绑带之间，或是与木乃伊直接接触，抑或保存在首饰匣中。

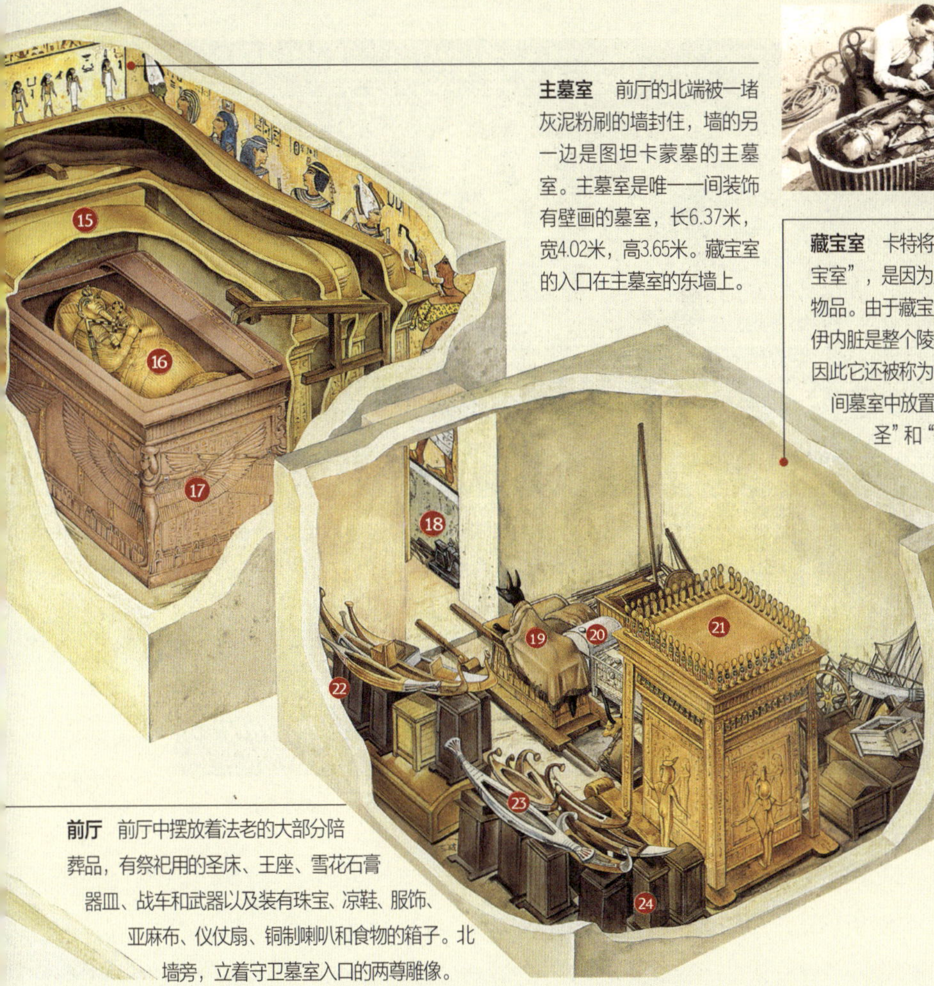

主墓室 前厅的北端被一堵灰泥粉刷的墙封住，墙的另一边是图坦卡蒙墓的主墓室。主墓室是唯一一间装饰有壁画的墓室，长6.37米，宽4.02米，高3.65米。藏宝室的入口在主墓室的东墙上。

藏宝室 卡特将这间墓室命名为“藏宝室”，是因为里面存放了许多重要物品。由于藏宝室中存放的法老木乃伊内脏是整个陵墓中最重要的元素，因此它还被称为“白色瓦罐室”。这间墓室中放置的是葬礼中“最为神圣”和“最为珍贵”的物品。

前厅 前厅中摆放着法老的大部分陪葬品，有祭祀用的圣床、王座、雪花石膏器皿、战车和武器以及装有珠宝、凉鞋、服饰、亚麻布、仪仗扇、铜制喇叭和食物的箱子。北墙旁，立着守卫墓室入口的两尊雕像。

5 圣床 墓室里的八张圣床中，三张用于木乃伊制作仪式，分别代表吞噬者阿穆特（Ammut）神、母牛女神梅赫特-韦赖特（Mehet-Weret）和狮子女神伊西斯-梅赫特（Isis Mehtet）。

13 守卫 两尊真人大小的王室雕塑，以行走的姿势守卫着主墓室的入口，为法老的卡（ka，重要能量）提供支撑。

21 内脏柜 国王的木乃伊内脏保存在死者身旁的一座镀金木制圣柜中，由4位女神守护。

6 御座 包金木制御座镶嵌着彩色玻璃和次等宝石，椅背上描绘了王后给坐着的法老涂圣油的场景。

14 木箱 木箱上绘有国王在战车上指挥军队抵抗叙利亚人和利比亚人的场景，箱盖上绘有法老在沙漠中参与狩猎的场景。

22 乌萨布提 在来世替死者劳作的小雕像封装在24个黑色木箱中，放置于一辆滑车上。

7 木制祭坛 贴着金箔的祭坛上，绘着图坦卡蒙年轻的妻子为他涂上香水或陪他狩猎的场景。

15 祭堂 四座礼拜堂以及一座用于支撑亚麻华盖的木架几乎占据整个墓室，覆盖并保护法老的石棺。

23 船模 墓中共有35艘在王室葬礼期间使用的船模，用途各不相同，既有用于仪式、礼仪、航行的驳船，也有纸莎草独木舟。

8 人体模型 缺失手臂的木制半身像上，覆盖着一层薄薄的石膏。卡特认为，它可能是为法老制作衣服时所使用的人体模型。

16 第三口棺椁 图坦卡蒙的遗体如今依然在陵墓中安息。这座金棺外部套着另两口棺椁，打开之后才能看到那张著名的黄金面具。

24 仪式性雕塑 礼拜堂中藏有35尊木雕，其中的镀金木雕代表举行仪式的国王，其他黑色木雕代表地下世界的神祇。

丧葬面具

在图坦卡蒙的所有陪葬品中，最有名的无疑是黄金面具。出于种种原因，黄金面具所呈现的法老形象，如今深深扎根于人们的集体想象之中，或许因为它是对那批伴随图坦卡蒙进入安息之地的巨大财富的一种具象化。黄金面具的制造真实展现出当时的工艺水平。面具总长超过 50 厘米，由两片重达 10 多公斤的金板黏合而成，上面镶嵌着青金石，是埃及最精美的艺术作品之一。面具上的法老头戴内梅什王巾（némès，条纹式包头巾），头巾两端厚厚的发髻垂至后背。年轻的法老前额饰有一条眼镜蛇和一只鹰，象征着上、下埃及的守护女神。面具中的法老蓄着一撮胡须，为了佩戴耳环，双耳打有耳洞。法老的眼睛处镶嵌着石英和黑曜石，双眼眼线用青金石描画，这无疑是整张面具中最具人情味的元素。

受奥西里斯神的热情拥抱。南墙壁画中继续描绘君主在另一个世界的场景。在这一场景中，图坦卡蒙正在接受哈索尔、阿努比斯和伊西斯的欢迎，有关葬礼仪式的装饰到此为止。西墙壁画上绘有《阿姆杜阿特之书》中的一个段落，太阳船在五位神祇身后缓缓行驶，画面下方的网格中，绘有代表夜晚12个小时的狒狒神。

最后这面墙上的壁画暗含了一个极为重要的时间坐标，它采用的是传统的18方块进行绘制，而不像陵墓中的其他壁画那样采用阿玛尔纳时期的20方块进行绘制。图坦卡蒙墓中的诸多元素现已融入整个西方文化中，成为西方文化的标志，例如丧葬面具和法老的木乃伊等，但奇怪的是，关于这座陵墓最为人所知的却是完全不切实际、毫无根据的——它的诅咒。

一切始于卡纳冯勋爵的突然死亡。在图坦卡蒙墓打开后不久，为了从陵墓现世而引起的剑拔弩张的形势中抽身，卡纳冯勋爵与女儿一同前往阿斯旺稍作休整。在返回卢克索、再次进入陵墓时，卡纳冯勋爵被墓中的蚊虫叮咬，脸上肿起了一只脓包，而他在刮胡子时又割破了它。鉴于当时这一地区的恶劣卫生条件，伤口发生了感染，导致败血症。几天之后，卡纳冯勋爵就去世了。此后，所有与图坦卡蒙墓有关的事件都因卡纳冯勋爵的死而蒙上一层悲剧的色彩，记者们将那些事件全部归咎于假想出来的诅咒。有趣的是，最热衷于散布这些荒谬言论的人中，有一位是从埃及学家改行的记者，他曾是卡特的老对手——阿瑟·韦戈尔（Arthur Weigall），此人性格内向，不愿与人打交道。

早在1932年，埃及学家赫伯特·温洛克在《纽约时报》上发表了一篇文章，他在文章中援引证据，否认探险队成员的死因与他们参与发掘之间存在任何联系。他认为，如果诅咒真的存在，图坦卡蒙的报复实在是没有规律可言，因为他虽然有效地杀死了项目赞助人，却并未对卡特进行报复，卡特在图坦卡蒙墓发掘后近20年才去世。而且最令人感到奇怪的是，这位埃及法老竟然还展现出绅士风度，放过了唯一一个全程参与陵墓发现与发掘之人——伊芙琳夫人。伊芙琳夫人于1980年去世，享年79岁。最近，一位流行病学家调查了所有参与陵墓发掘者

图坦卡蒙的陪葬品

这位年轻法老成千上万的陪葬品中包含各式各样的物品，从内衣到精心设计的艺术品（如6架战车、代表王权的连枷和弯钩权杖）。幸而这些珍宝的发现者并未将之私藏，如今它们全部在开罗的埃及博物馆中展出。

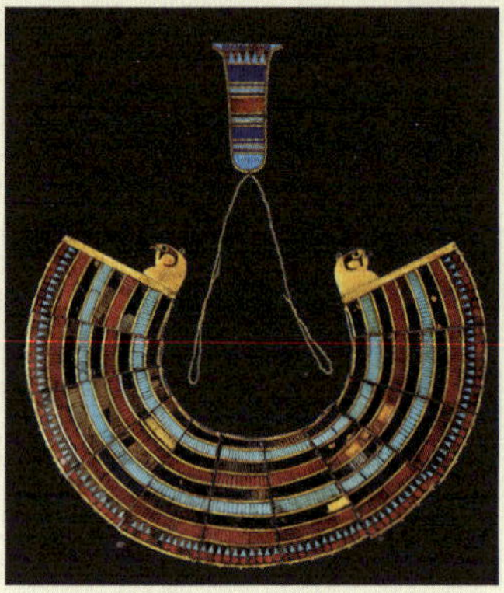

项链 埃及重要人物（法老和朝臣）日常佩戴的一种配饰。图坦卡蒙的这条大项链由不同颜色的次等宝石组成：绿松石、青金石和肉红玉髓。这种项链实在太过沉重，为了保持平衡，法老在佩戴时须在背上负重。

图坦卡蒙胸甲 埃及人热衷于玩文字游戏和使用密码，以此为自己的作品赋予更多价值，这副胸甲便是如此。胸甲中暗含法老之名“内布赫佩罗（Nebk-héperourê）”，这个名字以一种不常用的象形文字形式书写，而这种形式的象形文字只有祭司和书吏才能读懂。

“桌中船” 这件雪花石膏桌上雕刻的是一艘仪式中使用的圣船，船首和船尾为瞪羚羚 首形状。一个裸体小人坐在船尾，负责把握航向。小船的另一头，一位女性双膝跪地，胸前捧着一朵莲花。

镂空木箱 埃及人常常将物品存放于这种镂空的盒子或箱子中，例如这口箱子中装的是国王的文书材料。这种式样的箱子通常采用相对较轻的木料制成，装饰以象形文字和镀金的木制镶嵌物，支撑脚以青铜包裹，箱体被分成16个不同的格子。

弯曲的黄金牌 牌上绘着图坦卡蒙立于战车之上，一路追击，最终击溃埃及的敌人，将混沌势力驱逐出埃及的场景。两位长有双翼的女神（眼镜蛇神和鹰神）保护着法老不受邪恶势力的侵扰。这块黄金牌究竟是一件装饰品还是一只带扣尚未可知，而且它究竟是在墓中何处被发现，亦不为人所知。

仪仗扇 在炎热、蚊虫肆虐的尼罗河流域，扇子是抵御高温和蚊虫叮咬不可或缺的物件。君主使用的扇子均由鸵鸟羽毛制成，学者在墓中一口箱子底部发现一把短柄仪仗扇模型，上面的羽毛仍旧保存完好。

的死因，并得出了惊人的结论——死于“诅咒”之人的平均寿命高达70岁，而正常老死之人的平均寿命为73岁。同样，前者在受到“诅咒”后平均20.8年后死亡，而后者则是在28.9年后死亡。很显然，即使是从统计学角度来看，法老的诅咒也不过是谣传。

拉美西斯二世

阿布辛贝大神庙中的巨型法老坐像。

插图（右侧） 法老拉美西斯二世的金戒指。（卢浮宫，巴黎）

第 19 王朝的伟大国王

由并非王室血脉的拉美西斯一世开创的新王朝，带来埃及历史上的一段辉煌时期，这主要归功于两位最活跃的君主——塞提一世和拉美西斯二世。伟大的征服者塞提一世登基时已上了年纪，而统治长久且功绩斐然的拉美西斯二世却自青少年时期便与父亲共同执政。

作为一位登基时已经上了年纪的法老（霍伦希布）的继承人，塞提一世执掌两土地时年纪也已不轻。从逻辑上讲，他的统治时间可能颇为短暂。虽然通常认为塞提一世的统治持续了 15 年，但有迹可循的文献资料只能追溯到其在位第 11 年上。由于塞提一世此前从未想过会成为埃及法老，因此他娶了并非王室血统的图雅为妻。有证据表明，这对夫妇仅有两个后代存活下来，一个是后来的拉美西斯二世，另一个是名为提雅的女儿。

第 19 王朝法老

公元前1295年—公元前1294年

拉美西斯一世 因霍伦希布死后没有后嗣而继承王位

公元前1294年—公元前1279年

塞提一世 为避免继承问题，很早便任命他的儿子拉美西斯二世为共同执政者

公元前1279年—公元前1213年

拉美西斯二世 因赫赫战功和建筑工程，成为这个时代最伟大的法老

公元前1213年—公元前1203年

梅伦普塔 统治期间，曾试图对海上民族发起进攻

公元前1203年—公元前1194年

塞提二世 与阿蒙梅西并行统治两年

公元前1201年—公元前1200年

阿蒙梅西 篡夺王位两年

公元前1194年—公元前1188年

西普塔 患有小儿麻痹症，塔沃丝蕾特（Taousert）和总理大臣拜伊（Bay）的傀儡

公元前1188年—公元前1186年

塔沃丝蕾特 埃及为数不多的女法老之一，反对者众多

塞提一世竭尽全力恢复了所有在阿玛尔纳时期被（埃赫纳吞）从神庙中抹去存在的传统神祇的名字。他有条不紊地执行了这项政策，先将哈特谢普苏特、埃赫纳吞、图坦卡蒙和阿伊从阿拜多斯神庙的王室年表中除名，然后对在他之前的历任埃及统治者重新排序。如此，霍伦希布继承的便是阿美诺菲斯三世的王位，而阿玛尔纳时期几位君主的统治则全部被从埃及历史上彻底抹除。这或许能够解释为什么塞提一世的统治时期被称为“重生”的时代，他无比渴望重拾埃及的

昔日荣光。为了完成复兴埃及的大业，塞提一世倚仗多位官员和朝臣的治国才能，如维西尔奈巴蒙和帕塞尔（Paser），以及努比亚总督阿美内摩佩（Aménémopet），等等。

为了让国界以外的地区也能感受到埃及的复兴与强大，塞提一世对叙利亚–巴勒斯坦地区发动了多场战争，以重振埃及在这一地区的威望。在位第一年，在完成指引“荷鲁斯之路”（一条连接散布于三角洲地区与巴勒斯坦南部地区之间各军

与奥西里斯神和荷鲁斯神做伴的塞提一世

尽管“塞提”这个名字取自塞特[15]（三角洲地区的神祇），在帝王谷的陵墓里，塞提一世却是绘于奥西里斯和荷鲁斯等神祇身旁。见上图，壁画人物之间的椭圆形装饰框中，绘有法老的部分王名头衔，可以辨认出其中写的是“Menmaâtrê”，意为“拉神的正义依旧存在”。

[15] 埃及神话中塞特曾用计杀死自己的哥哥奥西里斯，后为侄子荷鲁斯所杀。——译者注

事要塞的道路）的水井修缮工程之后，塞提一世率领军队抵达提尔（Tyr）城，深入黎巴嫩山区，发起了第一场战役。在第二场战役中，军队直抵卡迭石，达到安抚阿慕洛王国的目标。入侵叙利亚–巴勒斯坦地区，是为了向赫梯帝国及其他当地政权宣示埃及依旧强大，而发动对利比亚人（被称为“台赫努人 Tjehenou”）的战争，则是因为埃及北部边界的其他地区对尼罗河流域造成的军事压力正与日俱增。三角洲地区已然成为埃及与外部不断发生冲突的中心，这无疑是促使塞提一世在阿瓦利斯建造一座王宫的原因所在，因为阿瓦利斯比都城孟菲斯距离边境更近。

塞提一世在努比亚至少发动过一场战役，而且，这一仗似乎也是不可避免：努比亚人决定借着埃及王权更替之际发起叛乱，最终却招致灾难性的后果。他们以为新王朝不堪一击，因而试图摆脱埃及法老的控制，结果却功亏一篑。

拉美西斯二世上台

拉美西斯一世与塞提一世都是高龄继位，而未来的拉美西斯二世不仅出生在他的父亲成为埃及法老前，甚至是在他的祖父坐上两土地王位前就已经降生。或许是考虑到家族非王室的出身，塞提一世在统治后期任命儿子拉美西斯二世为摄政王。虽然父子的血缘关系无可否认，但这一任命能够为他顺利继承王位提供更多保障，拉美西斯二世在后来修建的大量纪念性建筑物上也都曾公开声明这一点。

塞提一世登上王位之时，“国王的长子”、年仅 10 岁的拉美西斯被任命为军队总指挥。如果这一头衔不仅仅只是荣誉称号，那么，塞提一世培养埃及未来国王的意图表现得相当明显了：在第 18 王朝最后三位法老留下的军队的帮助下，他的儿子将为继承王位后顺利履行法老职能做好充分准备。对于当时还是个孩子的拉美西斯来说，亚洲地区的残酷战争太过危险，塞提一世也不想冒不必要的险，因此当时身为王储的拉美西斯并未参战。但是，当利比亚人袭击埃及时，情况却有所不同，年近 15 岁的王子参加了这场远征。当然，年轻的王子总是与战斗前线保持一定距离，最低限度地承担风险，但是在这个过程中，尚武精神一点点渗透并塑造了拉美西斯二世的人格。此后不久，为了征服卡迭石城，拉美西斯二世追随父亲参加了另一场战役，多年以后，这座城市对于拉美西斯的统治来说也尤为重要。

为了让新王朝重现昔日法老的辉煌荣耀，不辜负前人的期望，甚至是超越此前的各个王朝，塞提一世尽心尽力地培养他的儿子。除了陪同父亲东征之外，拉美西斯还跟随塞提一世横渡尼罗河，参与各项政治行动。为了让他早日参与决策，提升未来成为法老时所需的能力，塞提一世在位第七年任命拉美西斯王子为摄政王。尽管此时的拉美西斯还只是一名少年，并非法老，当时的文献中已经常常提及他的事迹。

为了恢复往昔的光辉荣耀，塞提一世着手修缮了通往东部沙漠黄金矿脉的道路，并亲自前往东部沙漠核实改善情况。与此同时，他还下令在道路四周合适的位置开凿了一口水井，并在水井附近建起一座神庙（卡奈斯，Kanaïs）以及若干间供矿工使用的临时棚屋。此外，塞提一世还倾注全力寻找适合雕刻巨型雕像的巨大岩石，他还为此亲自前往阿斯旺，确认一处新的采石场。在经验丰富的官员的谨慎建议下，塞提一世任命年轻的拉美西斯王子负责采石场的开发工作。与此同时，拉美西斯王子还负责监督他的父亲发起的众多建筑项目，如在底比斯墓葬群中修建的百万年神庙、阿拜多斯神庙、卡纳克阿蒙神庙多柱式大厅的部分装饰工程等。

在拉美西斯王子 22 岁时，这位埃及未来继任者平息的一场小型暴乱，让努比亚地区震动不已。当时，拉美西斯已是几个孩子的父亲，他决定带上两个幼子——阿蒙希尔霍普谢夫（Amonherkhepshef）和哈姆阿塞特（Khâemouaset）共赴战场。正如他的父亲对他所做的那样，拉美西斯认为参与战争有助于培养未来可能继承他的王位之人的尚武精神。

从军事角度来说，这种程度的暴乱其实无关痛痒，对得到充分保护的王子们不会构成任何威胁。拉美西斯驾着战车一马当先，如一道闪电般冲破努比亚军队，追击努比亚逃兵直至城门口。胜利来得相当迅速，兵不血刃，至少对于埃及人来说是如此。对于王储拉美西斯的儿子们来说，这无疑是百感交集的一天，埃及军队列阵在前，他们在御者的严密监视下，发起了对努比亚军队的冲锋。为了纪念这一事件，拉美西斯王子下令在拜特-埃尔-瓦利（Beit el-Ouali）修建一座神庙。

塞提一世陵墓

1817 年，乔瓦尼·巴蒂斯塔·贝尔佐尼（Giovanni Battista Belzoni）发现帝王谷中规模最大、无疑也是最美丽的陵墓之一——塞提一世之墓。他仿制了墓中所有装饰品，并于 1821 年在伦敦展出了这些非凡的仿品，让全世界为之震撼。

塞提一世陵墓是一座深入山体内部的陵墓。入口❶通向一条走廊，这条走廊通往一道楼梯。沿楼梯向下，到达第二条走廊，可通往举行仪式的水井旁。走廊后面❷是一间由四根柱子支撑的大厅，厅壁上饰有《地狱之书》的节选片段，大厅可通往另一间小墓室。陵墓最里面❸是前厅和主墓室，由立柱支撑，饰以与阿姆杜阿特相关的场景，其中包括来世的地图以及去往来世的方法。下页为这间墓室的墙壁和天花板。

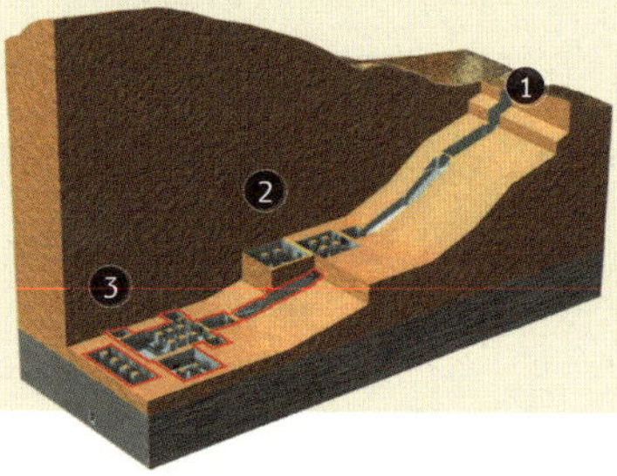

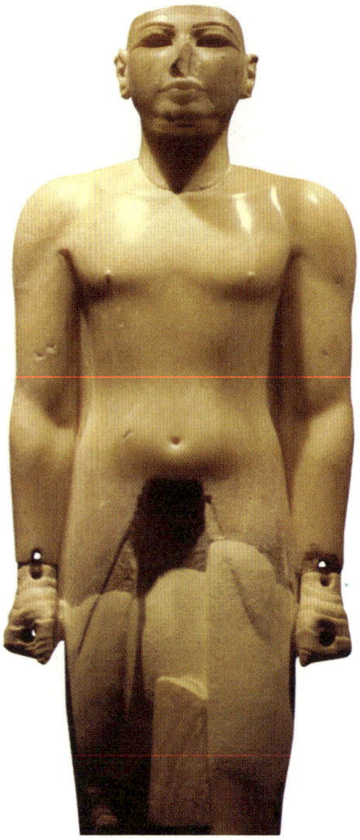

塞提一世雕塑

卡纳克阿蒙神庙的一间庭院中，曾发现一处满是雕塑的隐藏之所，塞提一世这座真人大小的美丽雪花石膏雕塑便出自其中。这座雕塑现存于卢克索博物馆。雕塑双眼处原本镶嵌有宝石，再加上行走的姿态，整座雕塑极为写实。

此战过后，身为王位继承人的拉美西斯须得阻止施尔登人（几十年来一直试图从东部入侵埃及的地中海海盗）对尼罗河口的入侵。在对阵埃及军队时，施尔登人的轻敌大意简直令人难以置信，法老的海军和陆军驻扎于战略要地，在施尔登人发动进攻时给了他们一个大大的“惊喜”。施尔登人的彻底失败给埃及留下了大量战俘，法老决定将抓获的战俘收编于埃及军队之中。这一举措既能让施尔登人获得他们所追求的安全感，又能满足他们对于战斗的渴望。不久后，塞提一世去世，将埃及帝国的全部重任留给了他的继承人。

由于当时第 19 王朝不过历经了三任君主，国家大权一直掌握在法老手中，而且拉美西斯早已参与国家统治多年，因此，正如塞提一世所预期的那样，王位传承十分顺利。此时的近东正处于动荡之中，而埃及新君即将成为近东舞台上的亲历者和主角。

统治早期

夏季第三个月的 27 日，也就是大约 3300 年前的 6 月初，年仅 25 岁却历经沧桑的拉美西斯成为两土地的法老。当时没有任何迹象表明，他的在位时间会比之前的其他君主以及在他之后的所有君主都要更长。

此时，拉美西斯二世亟须完成的任务是将他的父亲——伟大的塞提一世——葬入帝王谷的陵墓之中（KV17，王室墓葬群中较深的陵墓之一，也是现代较早发掘出的陵墓之一）。他唯一关心的是按照合适的礼仪为他的父亲送葬，因为只有如此他才会被视为合法继承人。葬礼结束后，法老在底比斯召开多次会议，对政府内部做出调整，安排新官员填补空缺职位。同时，他还决定以塞提一世在阿瓦利斯建造的王宫为中心，建立埃及在三角洲地区的新都——“培尔-拉美西斯-阿纳赫图”（Pi-Ramsès Aa-nakhtu），意为“拉美西斯的胜利之家”。即位仅仅两年，拉美西斯二世便决定更改王名头衔。这次更名不仅是对旧名作出修改，还对加冕名有所补充：自此之后，拉美西斯二世的名字改为乌瑟玛瑞·塞特潘利（Ousermaâtrê Setepenrê），意为“拉神的正义强大有力；拉神的天选之人”。

意识到脑海中构想的各种宏伟计划——无论是在建筑方面，还是在政治和军事方面——都需要经济支持，拉美西斯二世同他的父亲一样，为保障东部沙漠黄金资源的获取以及贵金属的供应殚精竭虑。寻找黄金给埃及人民造成了极大压力，当时的文献中清晰写道，所有送到东部沙漠淘金的矿工中仅有一半成功回到家乡，另一半人则因极端恶劣的劳作条件而缺水死亡。然而，到目前为止，他们一无所获。此时，拉美西斯二世才勉强决定寻找一口能持续供水的水井，之前掘井工人发现的井中水位仅为 2 米。自那时起，奥拉基（Allaqi）旱谷的金矿一直处于开放状态，供法老开采，成为法老的一项重要收入来源。

在向尼罗河流域证明自己无愧于先辈之后，在位第四年，拉美西斯二世决心向世界展现他的骁勇善战。在当时东地中海的政治大舞台（叙利亚-巴勒斯坦地区）上取得一场胜利，将是最好的展示方式。于是，拉美西斯二世集结军队出发，一路顺利抵达埃及势力影响下的古老商业港口提尔和比布罗斯。年轻气盛的拉美西斯二世决心要打破这一地区十年来所维持的平衡状态，他带领军队朝着阿慕洛王国的方向，入侵叙利亚-巴勒斯坦内陆地区。虽然战争细节无从知晓，但我们能够清楚地知道，这场战争是以埃及人的胜利而告终，迫使阿慕洛王国向法老宣誓效忠并献上贡品。

心满意足的拉美西斯二世返回埃及，丝毫没有怀疑战败的阿慕洛君主会将所发生的一切告知赫梯国王。阿慕洛君主再三重申他对赫梯的忠诚，解释称自己是被迫向埃及俯首称臣，他不想在任何情况下被赫梯视为叛徒，他的忠诚从未发生改变。于是，赫梯国王穆瓦塔里（Mouwatalli）决定打击一下这位年轻法老的嚣张气焰，以显示他在叙利亚-巴勒斯坦地区不可撼动的地位。穆瓦塔里大概就是在此刻萌生了他的军事计划，这一计划旨在实现三个重要目标：收复阿慕洛王国，使之重新成为赫梯附属国；防止重要的卡迭石城（贸易路线上的要地）落入埃及之手；最终彻底击败埃及人，让他们远离叙利亚-巴勒斯坦地区。

通往卡迭石之路

拉美西斯二世即位第五年，为了给法老设下陷阱铺平道路，赫梯军队从贝卡（Bekaa）平原撤出。这一举动在贝卡平原地区形成了权力真空，拉美西斯二世因一年前的胜利冲昏了头脑，做出了错误判断。将这一权力真空期视为打击赫梯在贝卡平原地区的影响力，为埃及在叙利亚-巴勒斯坦地区建立新政权奠定基础的好机会。拉美西斯二世集结军队，冲进赫梯设下的圈套之中。

埃及绝大部分军队都加入了这场战役:四个军团，每个军团由5000名士兵组成，分别命名为阿蒙、拉、普塔和塞特，另有一支由5000名施尔登雇佣兵组成的分遣队负责支援。在穿越黎巴嫩山间狭长小路的整个过程中，法老的军队秩序井然，如同走在尼罗河流域的平坦大道上。经过一个月的跋涉，拉美西斯二世与25000名士兵和战车抵达目的地卡迭石附近的奥龙特（Oronte）平原。正是在这里，拉美西斯二世咬住了赫梯君主抛出的诱饵。

军队前行之际，两名贝都因游牧民走近军队，请求面见法老。他们告诉法老，奥龙特平原与卡迭石之间的这片区域内空无一人，因为在看到埃及的庞大军队逼近后，懦弱的穆瓦塔里便赶紧命令军队向北撤退，避免与埃及人发生冲突。听到这些消息后，冲动的拉美西斯二世决定率领阿蒙军团，加快行军速度，先于其他三大军团，尽快抵达卡迭石。紧随阿蒙军团之后的是刚刚穿越奥龙特平原的拉军团，此时，

拉美西斯二世的王衔，众神最宠爱的法老

自古王国时期起，法老的五个名字反映出每位君主不同的政治与宗教纲领。在每个头衔中，拉美西斯二世都强调了神祇对他的偏爱，比如他的荷鲁斯名与正义女神玛阿特有关，他的拉神之子名与阿蒙神有关。

拉美西斯二世的荷鲁斯名为卡内赫特-梅里玛阿特（Kanekhet Mérimaât），意为“胜利的公牛，深受玛阿特的喜爱”。这一名字反映出正义女神玛阿特对法老的保护，而“胜利的公牛”这一称号是将法老与公牛这种强大的动物相提并论。拉美西斯二世的两女神名（或nebty）为马克梅特-乌夫卡苏特（Makkemet Ouafkhasout），意为“征服外邦人的黑土地（Kemet，古埃及人对家园的称呼）守护者”。拉美西斯二世的另一个王名头衔，即他的金色荷鲁斯名为乌瑟伦普特-阿纳赫图（Ouserrenpout Âanakhtou），意为“丰收之年与伟大的胜利”。与法老有关的各种称号，都是为了体现他的勇敢以及他在战场中的表现。拉美西斯二世的加冕名（nisout-bity）为乌瑟玛瑞·塞特潘利，意为“拉神的正义强大而有力；拉神的天选之人”，以凸显太阳崇拜的优越性。最后，他的拉神之子名，拉美西苏-梅里阿蒙（Ramesisou Mériamon），意为“阿蒙神钟爱之人”。

插图 卡纳克阿蒙神庙中的拉美西斯二世王名圈。

坐在阿蒙神与穆特女神中间的拉美西斯二世（见第135页）

他总是如众神之子般出现在各种场景之中。图中，拉美西斯二世与阿蒙神和穆特女神构成了三位一体，他被看作是两位神祇之子孔苏（Khonsou）。（都灵 埃及博物馆）

普塔军团还尚未进入奥龙特山谷，而塞特军团则在距离法老50多公里处，正准备穿过拉布伊（Laboui）森林。

赫梯国王的计谋进展顺利，即将收获丰硕的成果。拉美西斯二世丝毫没有怀疑贝都因人提供的虚假情报。穆瓦塔里不仅没有逃走，反而是毫无畏惧地等待着拉美西斯二世的到来，等待着向埃及人展示他麾下庞大联军军队的压倒性力量。纳哈林、克什凯什（Keshkesh）、阿扎瓦、达尔达尼亚（Dardanie）、马萨（Masa）、皮塔萨（Pitassa）、卢卡（Lukka）、基祖瓦特纳（Kizzuwatna）、

廓德（Qode）、卡尔凯美什（Karkemish）、阿尔谢（Alshe）、乌加里特、阿勒颇、努哈塞以及卡迭石等国的君主都带着自己的军队加入了赫梯军团。埋伏在卡迭石山丘后方的37000名士兵和3500驾战车，正耐心地等待着向敌人发动进攻的时机。

在阿蒙军团扎营之时，法老派出几队埃及士兵侦察地形。侦察兵很快抓获两名赫梯士兵，并把他们带到法老面前。法老对这两名赫梯士兵严刑拷问，以确认贝都因人提供给他的情报。

在听到他们说贝都因人说的全是谎言，赫梯联军早已准备好向他发起进攻时，拉美西斯二世大惊失色。然而，当阿蒙军团向其他三军示警，法老全副武装登上战车之时，拉军团也才刚刚渡过奥龙特河（距离法老尚且还有一段很长的路程）。拉美西斯眼睁睁地看着赫梯前线士兵突袭了军队侧翼，冲散军团队形，逼迫士兵四散而逃，并对夹在南部卡迭石和北部沼泽之间的埃及大营发起猛攻。

战斗进程

赫梯人的突袭让埃及军队措手不及，但是，作为一名经验丰富的战士，拉美西斯二世立即率领战场上仅有的几辆埃及战车向赫梯大军发起反攻，并向伟大的阿蒙神寻求帮助。据拉美西斯二世编年史记载，法老听到阿蒙神的声音从遥远的神庙中传来，赐予他取得胜利所需的能量。法老近6次重新集结军队，向赫梯联军发起冲锋。遭到多次袭击的赫梯联军逐渐力竭，相较于战斗，他们或许对劫掠财物更感兴趣。此时，法老的精锐部队内阿林（Néarins）军团设法抵达埃及营地,彻底扭转了埃及的不利战局。鉴于埃及官方文献中缺少对战争具体细节的记载，我们无从知晓这支精锐部队当时究竟是在穿越群山后直接从山坡上冲下来，还是之前忙于保护营地北侧，过了很长一段时间后意识到情况有异，才前来解救君主。无论如何，由于他们的到来，赫梯人落荒而逃，被一路追赶至撤退的联军藏身的奥龙特河旁。赫梯军中的车夫和步兵均命丧于奥龙特河水中，而穆瓦塔里的两个哥哥、两位侍从、秘书、侍卫长、4位战车长及6位高级官员也同样遭此厄运。甚至赫梯联军的各邦国君主，如阿勒颇的君主，也都差一点溺毙河中，不过他们最终幸免于难，踉踉跄跄地上了岸。

卡迭石，统治东方的战略飞地

攻占卡迭石城这处被奥龙特河岸包围的飞地，在控制近东贸易路线的角力中是至关重要的。而且，一直以来，埃及的历任法老都曾试图占领卡迭石所处的这片区域，但都未取得成效。直至拉美西斯二世统治时期，埃及才在这片区域发动了一场大型战役，可惜的是，这场战役也并未彻底征服卡迭石。

自新王国时期伊始，卡迭石一直是期望摆脱埃及控制的民族联盟反抗埃及的策源地。此外，它的地理位置在地缘政治与贸易上都具有极为重要的战略意义。卡迭石城一面与河流毗邻，成为一个大型港口，另一面朝向阿慕洛王国和海岸。对于来自小亚细亚或爱琴海海岸的货物，卡迭石城也是必经之路。来自异域的商品与消费品，如大量的谷物粮食，均在卡迭石进行贸易交换，这让所有人都对这座城市感兴趣。

法老意识到此次可能会大败，因此，他在好不容易集结起来的埃及军队面前（赫梯人刚刚发动进攻时，拉美西斯二世便派遣一位维西尔去催促其他三大军团加快脚步）表现得极为愤怒。在记述这场战役时，他直言不讳地指责士兵不守纪律，懦弱胆小，在战斗中抛下他，没有一个人助他一臂之力，他只能和他的两匹战马“底比斯的胜利”与“安息的穆特”拉着战车孤军奋战。在成功度过艰难时刻，精神放松下来后，埃及士兵于次日清晨发动了对赫梯联军的反攻。拉美西斯二世的士兵因先前落入敌方陷阱怒不可遏，重新整编后，他们向赫梯联军发起猛攻。通常情况下，这种奇袭对于尚未从创伤中恢复的敌人来说本应是致命一击，但由于敌军数量大约是埃及军队的两倍，这次进攻并不足以让敌方彻底投降。

面对这种情况，拉美西斯二世手下的将军们建议法老接受和平协定，并且众口一词：“我的君主啊，和平多好；你所签订的和平条约无可指摘（对你而言）；现如今还有谁能阻挡你的愤怒？”鉴于在这种情况下埃及不可能取得胜利，拉美西斯二世和他的军队最终撤回埃及，但他并未完全放弃征服叙利亚的野心。穆瓦塔里遵守了刻在石碑上的和平协定，但在不得不退回哈提之前，他向叙利亚-巴勒斯坦地区南部进发，征服了埃及在这片地区的部分领地。不过与此同时，赫梯也遭受了一些损失，因为亚述国王趁着穆瓦塔里被其他事务分散注意力时，攻占了部分仍与赫梯存在争议的领土。

与赫梯人的和平

尽管事态发展并未完全符合预期，但我们可以肯定的是，从卡迭石返回时，拉美西斯二世对这场战役的结果很满意。因此，他决定在各种纪念性建筑物上为子孙后代留下有关卡迭石之役的详细描述，比如在努比亚阿布辛贝的神庙、百万年神庙、阿拜多斯、卢克索以及卡纳克的神庙中都绘有卡迭石之役的场景。虽然，记载中并没有遗漏法老落入陷阱的细节，但拉美西斯二世着重强调的是他的光辉时刻，即他独自一人面对赫梯大军，在阿蒙神庇佑下成功击退敌人的场景。

卡迭石之役过后仅一年，拉美西斯二世再次率领军队前往叙利亚-巴勒斯坦地区。虽然这一战没有全军覆没，但法老的军队仍损失惨重。重新整编军队后，法老

又一次向叙利亚–巴勒斯坦地区发起进攻。他照例从迦南海岸登陆，直达提尔和比布罗斯，不过，之后却出乎意料地选择借道赫梯南部和内陆，攻占了达普尔（Dapour）城，并为纪念这一功勋在城中修建了一座他的雕像。结束这场所向披靡的战役后，法老得胜而回，重拾埃及的荣耀。

赫梯王国在面对埃及入侵时的被动状态，似乎与继承问题息息相关。穆瓦塔里二世死后，穆尔西三世（Moursil Ⅲ）成为赫梯王国的新任君主，然而，国家正处于岌岌可危之时，他不得不忍受叔叔哈图施利三世（Hattousil Ⅲ）的存在及其对于王权的牵制。鉴于赫梯国内脆弱的政治局势，一年之后，埃及军队再次入侵叙利亚地区。在哈图施利三世成功废掉他的侄子成为赫梯国王之后，两国之间的

胜利的拉美西斯在阿布辛贝

希克索斯人统治时期引入的战车，是拉美西斯家族的法老们最喜欢的交通工具。在描绘卡迭石之役这类战争场景时，君主总是驾着最好的战马拉着的战车对敌人发起进攻。

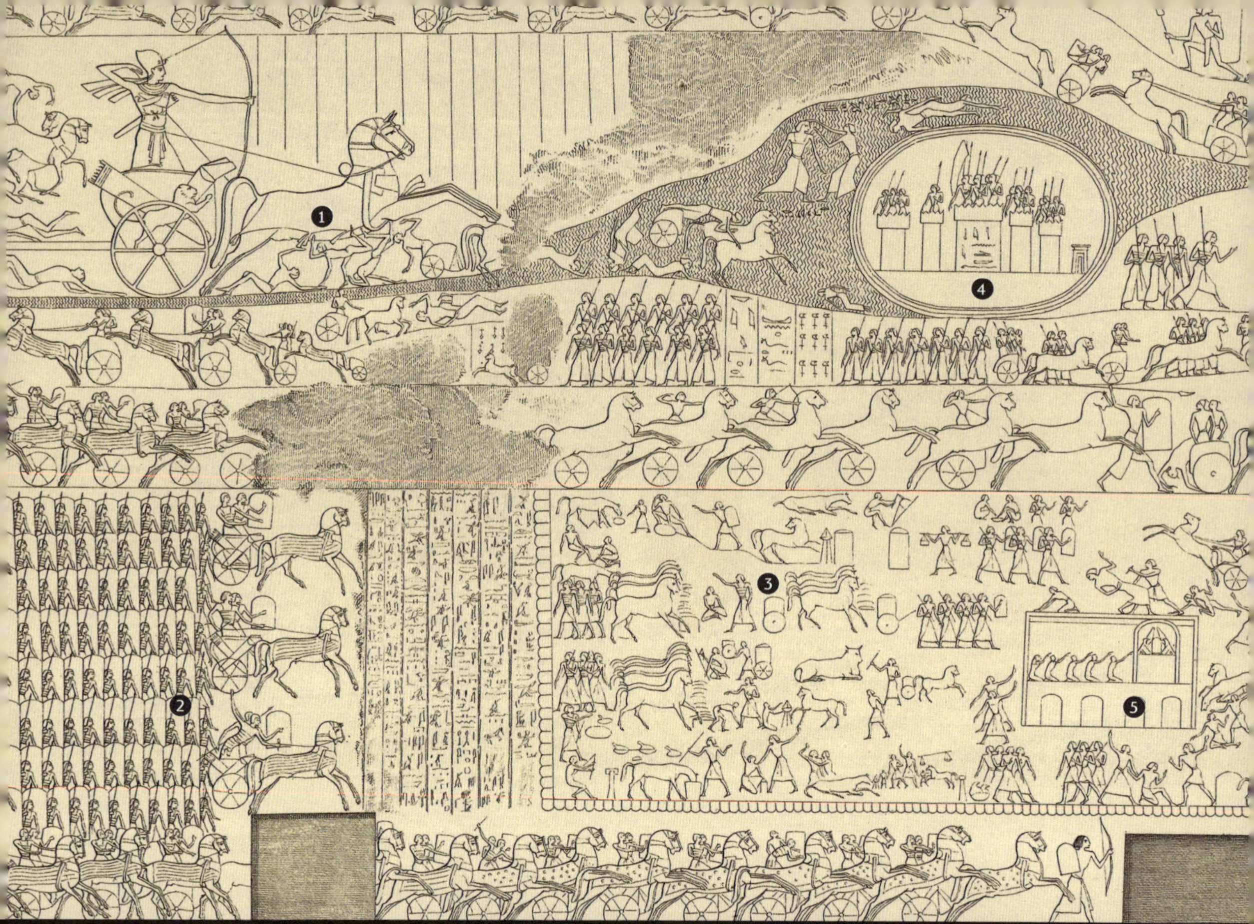

卡迭石之役：拉美西斯二世的行军场景

在努比亚的阿布辛贝神庙大殿中，有一幅描绘卡迭石之役的壁画，令人叹为观止。在拉美西斯二世的其他神庙（如底比斯或阿拜多斯的神庙）中，也可以找到这幅壁画。这幅全景图遵循典型的埃及绘画原则，人物的比例大小并不符合现实，也并非按照时间顺序描述事件。拉美西斯二世处于画面中人群最稀疏的位置，以凸显其君主地位。

卡迭石条约 拉美西斯二世与赫梯签订的和平条约刻于一块石碑上，这块石碑现存于伊斯坦布尔考古博物馆

①**拉美西斯向赫梯人发起冲锋** 法老与他的两匹战马“底比斯的胜利”与“安息的穆特”独自奋战，从战败的敌人身上践踏过去。

②**内阿林军团的到来** 内阿林军团的介入迫使赫梯战车撤退，扭转战局。

③**法老军队的轻率之举** 在赫梯人发动进攻前夕，埃及骑兵大营中的马匹却未拴于战车旁。

④**卡迭石的堡垒** 奥龙特河环绕卡迭石城四周。卡迭石城坐落在一座重重设防的小岛上，矗立于小丘之上。

⑤**法老的御用帐篷** 拉美西斯二世的御用帐篷位于4位王子的帐篷旁，在整个军事行动过程中，拉美西斯二世四位年纪稍长的儿子们一直陪伴在侧。

⑥**拉美西斯二世的私人护卫** 施尔登战士（一支由海上民族组成的私人护卫队）手持剑与盾，忠诚地守护着法老。

⑦**胜利的拉美西斯接受祝贺** 战争结束后，凯旋的拉美西斯坐在黄金王座之上，接受埃及官兵与军队将领的恭贺。

⑧**计算死亡人数** 法老高高立于战车之上，扭头监督手下官员统计战争中赫梯士兵死亡人数（通过统计被砍下的手的数量）的记录过程。

庞达吾尔（Pentaour）之诗，关于一场伟大战役的故事

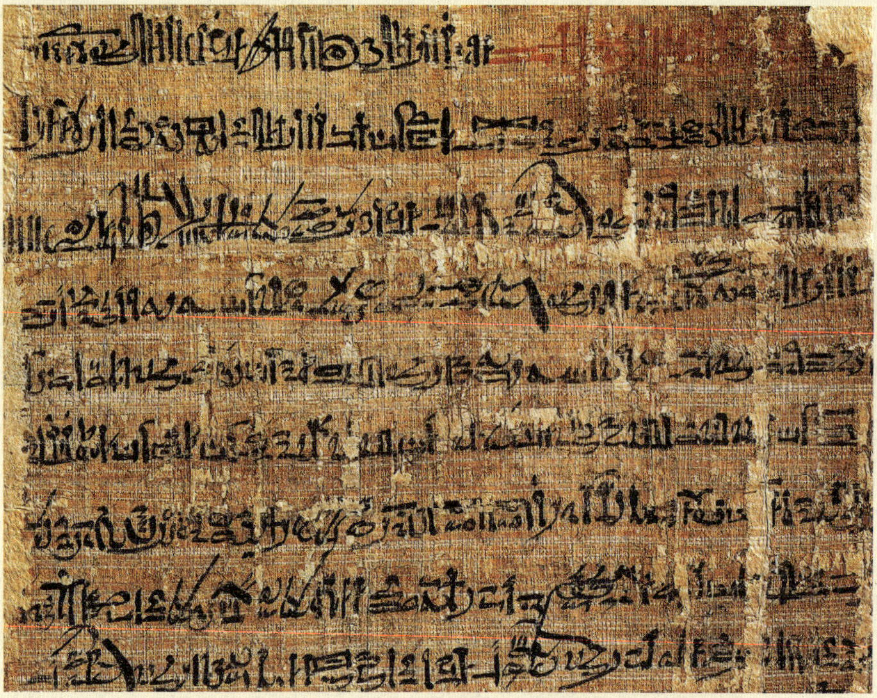

拉美西斯二世在卡迭石之役中的光辉事迹，不仅被刻于神庙墙壁之上，还在纸莎草上书写的文学作品中有所记载。庞达吾尔之诗的独特之处在于，它的作者为人所熟知：书吏庞达吾尔。

拉美西斯二世将用文学形式记录卡迭石之役的任务委托给了书吏庞达吾尔，并且允许他在这部作品中署名。虽然卡迭石之役的相关细节在不少神庙墙壁的浮雕上都有所呈现，但庞达吾尔的故事如同小说一般，更为真实详尽。这个故事被刻在卡纳克多柱式大厅的一面墙壁上，同时也记载在《萨利尔三世纸莎草书》（*papyrus Sallier Ⅲ*）一书中（现存于伦敦大英博物馆，见上图）。诗中详细描述了卡迭石之役的具体细节，从双方所采用的战术到各自的武器装备，再到诸神对于战局的干预。诗中着重强调了拉美西斯二世的参战，庞达吾尔在诗中称，由于拉美西斯二世在面对敌人时所展现出来的英勇神武以及诸神对他的庇护，因此，他是决定埃及胜局的唯一人选。尽管法老在宣扬卡迭石之役上煞费苦心，不过可惜的是，卡迭石最终并未被埃及所征服。不久之后，埃及与赫梯两国签订和平协定，这份和平协定是史上保留下来的最古老的和平协定之一。

战争也告一段落。穆尔西在经过一段时间的密谋，企图重掌王权失败后，最终逃往埃及，并得到埃及宫廷的收留。

赫梯新任国王请求埃及将叛逃者穆尔西遣返回国，却并未成功。正是在这种两相僵持的境况下，叙利亚-巴勒斯坦地区崛起了一支新力量：亚述。亚述王国加入叙利亚-巴勒斯坦地区外交版图已是不容忽视的事实，专家猜想它的崛起可能是由于亚述国王沙耳玛内塞尔一世（Salmanasar Ier）的军队最终成功征服原为赫梯附属国的加尔巴特王国（Hanigalbat，米坦尼）所致。叙利亚-巴勒斯坦地区的权力格局正在悄然发生变化。此后不久，虽然没有明示理由，但赫梯君主向他的“兄弟”埃及法老提出了一项请求，双方签订一项有利于维护双方利益的和平协定。

经过数月的谈判，虽因签署国之间相距甚远而有所延迟，两国最终成功签订一份以巴比伦楔形文字（叙利亚-巴勒斯坦地区通用的外交语言）起草的和平协议。埃及与赫梯在协议中做出以下承诺：建立两国之间的友好关系，相互尊重；同意两国互不侵犯的条约（“哈梯[16]的伟大主宰绝不会为了掠夺而侵犯埃及的土地；乌瑟玛瑞·塞特潘利[17]……绝不会为了掠夺而侵占哈梯的土地”）；两国建立防御性联盟，在其中一方遭到第三方军队袭击时，另一方须派遣军队协助抵御外敌；确保两国朝代顺利更迭；遣返在另一方寻求庇护的叛逃者（“如果有逃离埃及的埃及人抵达哈梯伟大主宰的国度，……在这种情况下，哈梯的伟大主宰会将其逮捕，并交还给埃及的伟大君主拉美西斯：被遣返之人不会因他的错误而受到责难，他的房屋不会被摧毁，他的妻子和孩子可保全性命，他亦不会被处死，他的眼睛、耳朵、嘴巴和双腿都不会遭受刑罚。不会将任何罪行归咎于他”)，最后，一方需以人道主义的方式接纳从另一方遣返之人。赫梯与埃及的诸位神祇作为见证人，经两“兄弟”（埃及与赫梯）共同批准后，本条约方可生效。几年之后，为了进一步巩固这项和平条约的效力，哈图施利三世将女儿嫁给拉美西斯二世，拉美西斯二世也欣然接受这次政治联姻。正如拉美西斯二世在联姻石碑（Stèle du mariage）上所写那样，

[16] Khatti，即赫梯。——译者注

[17] 即拉美西斯二世的名字。——译者注

这是一项重大的政治举措："从此刻开始，由于国王陛下在各方面取得的胜利（包括政治联姻），不论男女，当他们前往叙利亚时，都可心无所惧地到达赫梯的土地。"

这些新关系促进了埃及与赫梯两国之间的交流与贸易，使得两国宫廷之间的联系变得更为频繁亲密。由于赫梯驻埃及大使能够在尼罗河流域自由游历，当他掌握埃及语言后，便可以阅读埃及境内各种纪念性建筑物上的铭文。不久之后，他愤慨地给他的君主寄出一封信，信中描述了埃及人对卡迭石之役的不同看法：对于埃及人来说，他们的法老在那场战役中独自对抗联军，并取得了巨大胜利。于是，哈图施利也给他的"兄弟"拉美西斯二世回复了一封信，在信中讽刺地询问："难道当时的战场上没有军队，也没有战车吗？"不过，拉美西斯二世对此不以为意：作为埃及法老，他的主要职责是维持玛阿特的平衡，这就意味着埃及法老永远不可能被描述成为一个战败者或是即将被敌人打败之人。

两国建立和平友好关系后，赫梯人时不时会给法老写信，请求他提供一些帮助，尤其是派遣医师前往赫梯，因为埃及人在医药方面享有盛誉。一天，赫梯王国下属的一个附庸国首领写信给他的君主，希望赫梯国王可以代为向法老寻求治病良方。拉美西斯二世同意了赫梯国王的请求，传唤帕里亚马库侯（Pariamakhou）医师觐见后，把他派到塔鲁恩塔斯（Tarountas），让他为库鲁恩塔国王（Kourounta）准备草药。正如他对依附于哈图施利的附庸国首领所做的那样，如果赫梯国王直接发出请求，拉美西斯二世很快便会做出回应。对于赫梯国王的姐姐来说，情况更是如此，国王请求法老派遣医师帮助他的姐姐怀孕。拉美西斯二世很快予以回复，并立刻派遣一名医师前往，并借此机会回敬几年前赫梯国王对卡迭石之役的讽刺："让我们来看看我兄弟的姐姐玛塔纳琪（Matanazi）吧，作为国王你的兄弟，我对她很熟悉。她五十岁了吧？不。很显然，她一定都六十了！……没人能给她灵药，让她生出孩子。但是，既然太阳神与暴风雨神都希望如此……我将派遣最好的巫师和水平高超的医师前去赫梯，他们会为她准备一些促进生育的药物。"从这种非外交的辞令中，可以看出拉美西斯二世对于赫梯君主的信任。

在经年累月的对峙后，埃及与赫梯终于实现了和平共处。自此之后，两国多年

争夺的土地一直处于和平状态，因为无须担心任何一方再次入侵，这片地区的贸易与经济得到了大力发展。由于这次和解，两个帝国的财富得以显著增长。

拉美西斯在努比亚

尽管努比亚地区在很大程度上已然“埃及化”，但它仍然引起了拉美西斯二世的极大兴趣。然而，除了他下令在努比亚地区修建的建筑之外，拉美西斯二世在这个地区并未留下多少统治痕迹。不过，在卡迭石之役后休养生息的一年里，他确曾选择在努比亚对军队进行某种军事操练。

法老在努比亚地区修建的七座神庙，足以证明他

拉美西斯二世的胜利

在许多战争场景中，法老拉美西斯二世都以打败敌人的胜利者姿态出现。在这幅米特-拉辛纳（Mit-Rahineh）神庙的版画中，拉美西斯二世手中攥着分别来自努比亚、叙利亚和利比亚的三名战俘的头发，这三个国家是埃及的多年宿敌，亦是混沌的象征。

拉美西斯二世在阿布辛贝的伟大神庙

将阿布辛贝神庙整体搬迁至第二瀑布，是现代工程学上最伟大的壮举之一。由于阿斯旺大坝的建造，无数古迹都将淹没于尼罗河水之下。然而，在国际社会与联合国教科文组织（Unesco）的大力支持下，不少古迹得以保存下来，其中就包括拉美西斯二世的两座神庙。

第一座神庙被称为“大神庙”或“拉美西苏-梅里阿蒙（Ramesisou Mériamon）神庙”，是一座岩窟神庙（开凿于岩石中的神庙），用来展现法老的伟大，也是埃及在努比亚地区进行宣传与威慑的一座重要建筑。神庙正立面上雕刻着4尊20米高的巨型法老坐像，法老头戴双冠，脚边是拉美西斯二世家人的小像，其中最具代表性的是他的王室大妃——奈菲尔塔利。神庙正立面背后是一座内置的方形内殿，直通祭堂。祭堂是神庙中最神圣的区域，是神圣的三位一体雕像所在之处，雕像中两位神祇之间坐着的是努比亚神庙中的必备元素，活着的神祇——拉美西斯二世。第二座神庙规模稍小，是一座献给女神哈索尔的神庙，也是美丽的奈菲尔塔利王后（拉美西斯二世最爱的妻子）的祭堂。

对这片土地的重视：拜特-埃尔-瓦利（Beit el-Ouali）神庙、阿布辛贝神庙（大、小神庙）、盖尔夫-侯赛因（Gerf Houssein）神庙、埃尔-斯布瓦旱谷（Ouadi el-Seboua）神庙、德尔（Derr）神庙和阿克沙（Aksha）神庙。贝特-埃尔-瓦利神庙是一座完全独立的建筑，阿布辛贝神庙和盖尔夫-侯赛因神庙是完全开凿于岩石内部的岩窟神庙，剩下的4座神庙则是一部分嵌于岩石内部，另一部分建在室外。

❶ **多柱式大厅** 这个大厅由8根立柱支撑，每根立柱背面是参照奥西里斯神的形象雕刻而成的法老像。

❷ **带有4根立柱的房间** 大型多柱式大厅可通往一个小房间，从小房间可进入多个相邻的二级房间。

❸ **放置祭品的房间** 祭堂旁留有存放祭品的空间。

❹ **祭堂** 神庙尽头的壁龛中，绘有神庙所供奉神祇的画像：拉-霍拉克迪、拉美西斯二世和阿蒙-拉以及普塔-索卡尔-奥西里斯。

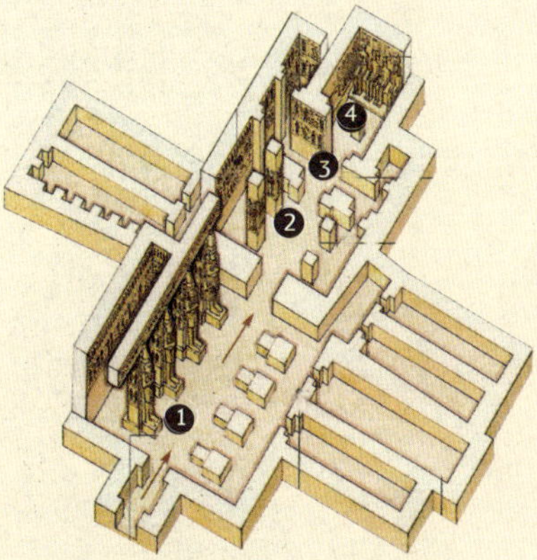

大神庙 内部结构平面图。

毫无疑问，7座神庙中最著名的是在阿布辛贝开凿的两座神庙。尤其是自20世纪60年代起，为了防止神庙淹没于纳赛尔（Nasser）人工湖湖水之下，联合国教科文组织发起抢救工作，将它们拆卸后迁往数十米高的人造山丘上重建以来，更是声名远播。

4座拉美西斯二世巨型坐像是阿布辛贝大神庙入口标志，也是埃及艺术中最具纪念意义且知名度最高的一件杰作。大

阿布辛贝的多柱式大厅
（第148—149页）

大神庙内部门廊长为18米，宽约17米，由8根拉美西斯的奥西里斯柱（法老被比作冥界之神）支撑。

拉美西斯二世佩戴着象征权力的配饰

图中为极为常见的法老形象。在这尊雕塑中，拉美西斯二世头顶短款假发，头戴象征埃及王室的双冠，额头上佩戴着守护法老的“神圣毒蛇”（乌赖乌斯）冠。法老双手在胸前交叉，手持弯钩权杖（Heqat）与连枷，象征着法老的无上权力。（伦敦　大英博物馆）

神庙深入岩壁60多米，东西朝向。每年两次，一次持续20天（从2月10日至3月1日，从10月10日至10月30日），太阳的第一缕阳光会穿过神庙，直抵祭堂，照亮四座雕像中的3座：拉-霍拉克迪（Rê-Horakhty）、拉美西斯二世和阿蒙-拉（Amon-Rê）。第四座代表冥王普塔-索卡尔-奥西里斯（PtahSokar-Osiris）神的雕像，则仍处于黑暗之中。这3座雕像在一年中仅有两个特定时间被阳光从头到脚照亮（每年2月20日左右和10月20日左右），祭坛上的圣船同样也会在这段时间受到太阳光的照射。

选择这些日期绝非偶然，埃及学家对此给出了几种解释。部分埃及学家认为，这种光线的运用是为了纪念拉美西斯二世的王室大赦年（大约是公元前1260年10月22日），但由于缺乏证据表明这座石窟神庙是用来庆祝塞德节纪念日[18]的，其他学者并不赞同这种观点。另一部分埃及学家认为，选择这些日期更多的是为了纪念prt（10月20日）和šmw（2月20日）这两个季节的第一天。

尽管缺乏证据证明，但拉美西斯二世曾在努比亚地区开展军事行动确是毋庸置疑的：在对努比亚发起的军事行动中，埃及军队曾抓获大量战俘，强迫他们在努比亚为法老修建神庙。库什总督塞托（Sétaou）在一座刻有其名字的石碑上明确指出，法老曾命令他在努比亚地区为之修建一座神庙，而他以其“特有的敏捷与勤奋”顺利完成了这项任务。他还在石碑中指明，建造神庙所使用的劳力由无数“陛下抓获的战俘”组成。碑中提及的神庙，毫无疑问便是埃尔-斯布瓦旱谷神庙。正如拉莫斯石碑（Stèle de Ramose，拉莫斯是努比亚的一位高级官员）中所记载的那样，俘获战俘是获取劳力最直接的方法：“即位第44年，陛下命令他的心腹努比亚总督塞托及其近卫队成员前往努比亚抓获俘虏，以便在‘阿蒙神之家’[19]为他建造神庙。法老还命令拉莫斯组织另一支近卫军，拉莫斯依令行事。”由此可见，埃及人并非如他们陵墓中所描绘的田园牧歌那般总是爱好和平。

王后奈菲尔塔利

如前文所述，拉美西斯二世的父亲（塞提一世）和祖父（拉美西斯一世）在拉美西斯一世成为两土地君主之前已经各自组建家庭。由于并非王室血脉，两个人都只娶了一位妻子，后嗣数量也相当有限。资料显示，拉美西斯二世出生于塞提一世加冕成为法老之前。为了保障王位顺利传承，避免新王朝面临血脉断绝的危机，初登王位的拉美西斯二世尽管还是一个青年，他的身旁已有不少女性陪伴。

拉美西斯二世有两位重要的王后：奈菲尔塔利和伊西斯-内菲蕾特（Isis-

[18] 解释见第81页。——译者注
[19] 即底比斯。——译者注

奈菲尔塔利陵墓细节图

20世纪初，埃尔内斯托·斯基亚帕雷利（Ernesto Schiaparelli）在王后谷中发现了奈菲尔塔利之墓。在陵墓内的一幅壁画中，王后奈菲尔塔利头戴展开双翅的秃鹰后冠，在死神阿努比斯的带领下前往来世。

Néféret），两个人的出身与家庭背景尚不清楚。奈菲尔塔利一直是拉美西斯二世的最爱，而内菲蕾特与之所生的儿子们，则是他所有继承人中表现最为出色的孩子。最终，拉美西斯二世与内菲蕾特所生的幼子成为下一任法老。

奈菲尔塔利在拉美西斯二世宫廷中的重要程度毋庸置疑，她在法老公开露面庆祝的各种仪式场合中都陪伴在侧，在拉美西斯二世的雕塑和建筑作品中亦是如此。与奈菲尔塔利相比，内菲蕾特从未出现在上述场景中，也不曾拥有与奈菲尔塔利同等规格的陵墓，更没有一座

拉美西斯二世与他的众多后代

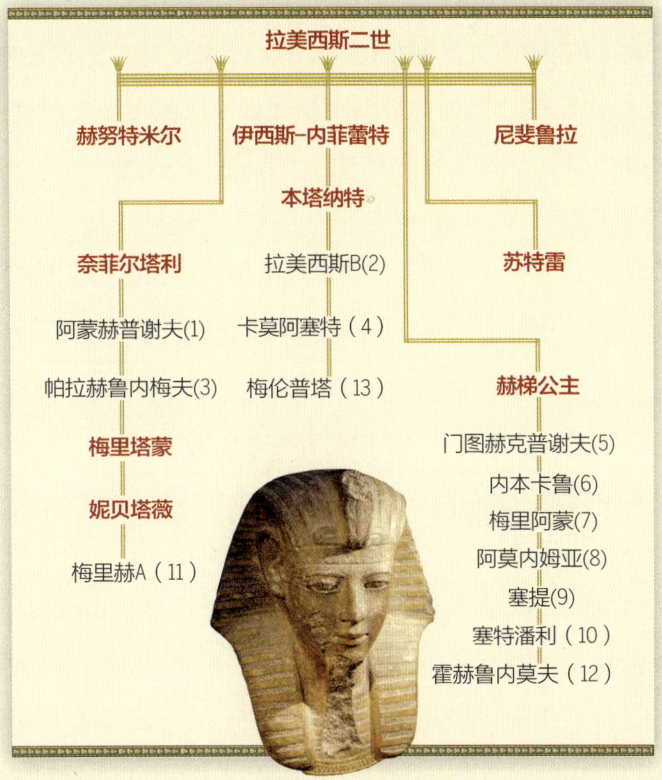

由于长寿和后宫妃嫔无数，拉美西斯二世成为埃及历史上子嗣最多的君主。他与后宫妃嫔总共育有一百多个孩子。

由于拉美西斯二世的长寿，他的不少儿子接连先他而去，因此，在指定继承人时，拉美西斯二世并未按照儿子们的出生顺序（详见上图括号中的数字）进行选择。王室大妃奈菲尔塔利为他诞下嫡长子阿蒙赫普谢夫，但阿蒙赫普谢夫在登上王位前便早逝。她的女儿梅里塔蒙，在奈菲尔塔利去世后继承了她的王室大妃头衔。拉美西斯二世的另一位王后伊西斯-内菲蕾特也为他生下了3个孩子：本塔纳特公主（之后嫁给了法老），卡莫阿塞特（被视为史上第一位“埃及学家”），以及梅伦普塔（上图为梅伦普塔雕塑，现存于开罗埃及博物馆）。为了埋葬他的所有后嗣，拉美西斯二世建造了帝王谷中最大的一座合葬墓（KV5），这座陵墓相较于其他帝王陵墓来说大了好几倍。

如献给奈菲尔塔利的神庙那般令人印象深刻的神庙（阿布辛贝）。

如果说奈菲尔塔利陵墓中美轮美奂的装饰仅仅展现了她的外貌美，那么，从努比亚地区的奈菲尔塔利神庙浮雕中则可以看出，这位大妃并不满足于担任法老的礼仪代表。在拉美西斯二世即位的第21年，埃及与赫梯签署和平协定之时，奈菲尔塔利曾以自己的方式为打破两国僵局做出了贡献：向赫梯王后普杜赫帕（Poudoukhepa）致以一封礼节性的书信。书信内容极为正式，并在某种程度上得到了埃及外交官的认可，她在信中（并未涉及任何政治方面的讨论）仅仅是问候王后的身体健康状况，并祝愿赫梯的暴风雨神与埃及的阿蒙神能够实现永久和平。奈菲尔塔利王后可能活了40多岁，大约是在拉美西斯二世即位的第24年去世的。

奈菲尔塔利死后，伊西斯-内菲蕾特升任拉美西斯二世的王室大妃，跻身埃及宫廷，与同为王室大妃的女儿本塔纳特（Bentanat）共同履行应尽职责。虽然身为拉美西斯二世继任者之母，伊西斯-内菲蕾特所扮演的角色本应十分重要，但她在第19王朝却是籍籍无名。只有她的儿子卡莫阿塞特（Khâemouaset）曾在几处纪念性建筑物（主要集中在萨卡拉）中提及她的名字。专家估计，伊西斯-内菲蕾特的死亡时间大约是拉美西斯二世即位的第34年左右，不过，她的陵墓位置至今仍然成谜。根据现已发掘出的陶片内容可以推断，伊西斯-内菲蕾特的陵墓应该位于王后谷中的某个地方并且已然竣工。令人奇怪的是，尽管我们对法老前任王室大妃奈菲尔塔利的情况知之甚少，她却在某种程度上成了古埃及的代表人物。拉美西斯二世统治时期，共有8位女性被正式册封为“王室大妃”，其中3或4位是法老的女儿。这8位王室大妃分别是：奈菲尔塔利、伊西斯-内菲蕾特、赫梯公主尼斐鲁拉（Néférourê，“凝视荷鲁斯神之人”）、赫努特米尔（Henoutmirê）、本塔纳特、另一位不知名的赫梯公主、梅里塔蒙和妮贝塔薇（Nebettauy）。伊西斯-内菲蕾特极有可能花了很长一段时间才成为拉美西斯二世后宫中的一位重要人物，并且是在成为“王之母”后才巩固了自己的地位。

在阿斯旺的一块石碑上，内菲蕾特被刻在她的两个儿子身旁：一个是卡莫阿塞

特，他曾是王位指定继承人，但先于拉美西斯二世去世；另一个是梅伦普塔（Merenptah），他最终继任成为埃及新任法老。

指定继任者

在拉美西斯二世的生命走到尽头之时，他已经育有近百个子女：48 至 50 个儿子以及 40 至 53 个女儿，其中十几个孩子都是他与 8 位王室大妃所生。对于长寿的他来说，最不幸的事便是眼睁睁地看着他的不少孩子先他而去。

梅里塔蒙，拉美西斯二世的女儿兼妻子

遵循历代法老的传统，拉美西斯二世曾迎娶他的几个女儿为妻，梅里塔蒙便是其中之一，她在母亲奈菲尔塔利去世后承袭了“王室大妃”的头衔。上图中的雕塑出自她父亲的祭庙拉美西姆（Ramesseum），现于开罗埃及博物馆展出。

奈菲尔塔利，拉美西斯二世的最爱，也是他重要的两位王后之一，在拉美西斯二世还是塞提一世王储时，为他诞下了嫡长子阿蒙赫普谢夫（Amonherkhepshef）。因此，阿蒙赫普谢夫是拉美西斯二世第一个早逝的孩子。当阿蒙赫普谢夫还是一个5岁孩子时，便陪伴父亲参加了在努比亚地区发动的第一场战役。有浮雕显示，当时他在拉美西斯二世军队后方坐镇，并在努比亚总督阿美内摩佩（Aménémopet）的陪同下接受战败者的纳贡。早期的军旅生涯或许注定了阿蒙赫普谢夫终其一生服务于法老的命运。努比亚战役之后，阿蒙赫普谢夫被任命为拉美西斯二世军队的总司令，率领军队打了无数战役。可惜的是，阿蒙赫普谢夫去世过早（拉美西斯二世即位第22年左右），最终没能接替父亲的法老之位。

继阿蒙赫普谢夫之后，他同父异母的弟弟拉美西斯[20]，伊西斯-内菲蕾特之子，成为未来法老的候选人，他同样也被任命为埃及军队的总司令。拉美西斯王子在王储之位上待了漫长的25年，但由于他先于拉美西斯二世去世，最终也没能登上王位。随后接替他的是拉美西斯二世和奈菲尔塔利之子帕拉赫鲁内梅夫（Parêherouenemef）。然而，帕拉赫鲁内梅夫在成为指定继承人几年后同样去世了。与卡莫阿塞特（拉美西斯二世第四个儿子，伊西斯-内菲蕾特之子，在同父异母的兄长死后继任两土地王储）不同，帕拉赫鲁内梅夫几乎没有留下任何文献资料。

尽管卡莫阿塞特以60岁的高龄成为埃及储君且在位时间极为短暂（仅仅5年），但他仍因继任王储前（尤其是在他担任“普塔神大祭司”和“孟菲斯总督”期间）的种种事迹而享有盛名。卡莫阿塞特在世时，因知识渊博丰富而享有贤者之名，死后也仍旧享有很高的知名度，以至他成为新王国末期一系列奇幻故事中的一个人物角色——塞特纳·卡莫阿塞特（Setné-Khâemouaset）。

不满足于钻研神庙图书馆中经年积累的知识，卡莫阿塞特还承担起修复古代建筑遗址的重任，如普塔神庙。他是有史以来最早的埃及学家兼文物修复师。在萨卡拉的不少古王国时期金字塔上，如今仍依稀可见他的修复成果。正如金字塔

[20] 与法老拉美西斯二世同名。——译者注

上残存的铭文所示，谢普塞卡夫（Chepseskaf）、乌纳斯（Ounas）以及尼乌色拉（Niouserrê）3 位法老的金字塔是在卡莫阿塞特的指挥下进行了重建。卡莫阿塞特在铭文中称，“当人们再也无法在金字塔表面辨认出上面刻着的乌纳斯或谢普塞卡夫、尼乌色拉的名字时，是他让这 3 位法老的名字得以永存，他享受这种修复上下埃及古代帝王古迹遗址的感觉”。与此同时，卡莫阿塞特还极为热爱文学，他曾为父亲拉美西斯二世王宫中保存的纸莎草书卷编纂索引，以便查询。除此之外，他还承担了孟菲斯至培尔–拉美西斯北部整个地区的若干行政职能。在卡莫阿塞特履行这些行政职能的过程中，他的长子拉美西斯一直陪伴在侧，而他的幼子霍利（Hori）则担任起普塔神的祭司一职。

从未曾想过会成为法老继承人，卡莫阿塞特在 3 位兄长尚在人世时，为自己修建了一座符合他当时身份地位的陵墓，不过据说他最后并未葬入那里。由于卡莫阿塞特全心全意地侍奉普塔神，鉴于他为致敬普塔神所做的一切努力，普塔神的众位祭司一致决定让他安息于萨卡拉大墓地的塞拉佩姆（Sérapéum）神庙之中。在埃及，公牛被视为普塔神在人间的形象，死后均葬在塞拉佩姆神庙的围墙之内，这无疑表明塞拉佩姆神庙是为侍奉神明而享有盛名的群体所建。

卡莫阿塞特在埃及历史上是一位极为特殊的人物，他不仅学识渊博，更是一位走在时代前列的“考古学家”。不过，他对古迹的热情在当时看来并非不可理喻，也没有为当时人所忽视。相反，他希望修复废弃古迹的想法与新王国时期的不少书吏不谋而合，这些书吏曾探访古老的金字塔，瞻仰古代法老的成就。不过，鉴于埃及一直以来的惯例，历代法老为降低兴建新建筑的材料成本，会选择拆除其他古迹，卡莫阿塞特期望重建古代建筑物的可能性微乎其微。

伟大的建筑

事实上，除了在统治早期曾经历动荡之外，拉美西斯二世的统治并没有什么特别之处。即位第 10 年发动最后一场战役后，埃及国内外局势趋于稳定。在埃及与

拉美西斯二世的纪念性建筑，尼罗河旁的伟大建筑

伟大的法老拉美西斯二世极富建筑师精神，这一点让他从尼罗河三角洲地区一路修建至第二瀑布。从王宫到祭庙，为了在国内外宣扬他的辉煌统治，拉美西斯二世在埃及大地上四处建造敬献神祇的巨大建筑。

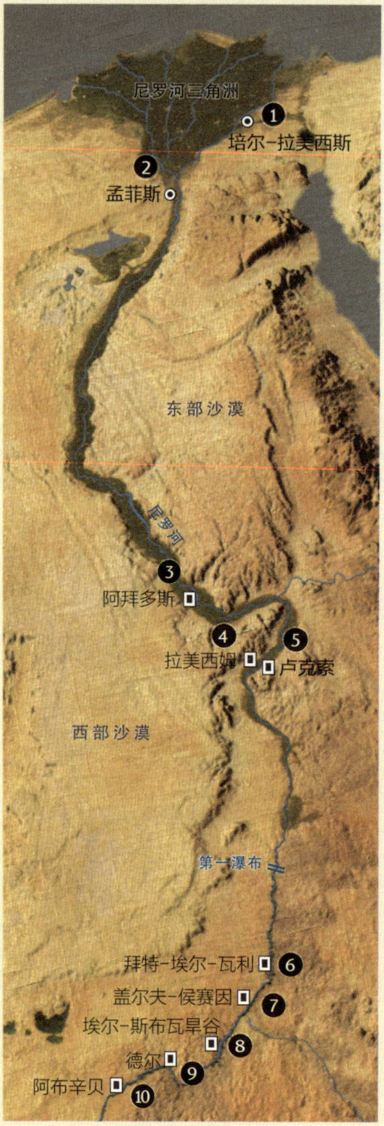

❶ **培尔-拉美西斯** 建立新都。

❷ **孟菲斯** 拉希纳村（Mit-Rahineh）中保存有一尊巨像。

❸ **阿拜多斯** 在塞提一世神庙旁建造一座献给奥西里斯神的神庙。

❹ **拉美西姆** 在底比斯西岸建造一座祭庙。

❺ **卢克索** 扩建卢克索神庙，神庙塔门如今依然矗立在原地。

❻ **拜特-埃尔-瓦利** 保存着刻有法老之子征战场景的浮雕。

❼ **盖尔夫-侯赛因** 建造一座与阿布辛贝神庙相同的神庙。

❽ **埃尔-斯布瓦旱谷** 建造新神庙，修复阿美诺菲斯三世神庙。

❾ **德尔** 修建陵墓，被民众神化。

❿ **阿布辛贝** 大神庙献给埃及众神，小神庙献给哈索尔女神。

赫梯签订和平与引渡条约，外交问题得到解决后，拉美西斯二世似乎很满足现状，他很享受那种看着时光流逝，受万人敬仰，让他的历任王储去处理烦琐无聊的行政事务的生活状态。

绘有拉美西斯二世的形象以及刻有拉美西斯二世名字的雕像与建筑物数量惊人，在这一点上足见他的伟大。然而，虽然其中确有不少工程是由法老下令建造，如他的巨型祭庙拉美西姆以及努比亚地区的七座神庙，但也有许多是侵占历代先王所造建筑，在这类工程中，拉美西斯二世会将自己的名字添加在原主的名字旁（如果原主名字未被抹除）。通过这种行为，拉美西斯二世成功地

埃尔–斯布瓦旱谷神庙的拉美西斯二世雕塑

为了更好地控制远方的努比亚，拉美西斯二世还在世时便被神化。因此，在他的神庙中常常会摆放巨型雕塑（如上图，坐落于埃尔–斯布瓦旱谷神庙遗址前），以此提醒埃及民众，拉美西斯二世在他的统治期间已然成为神祇。

让自己的名声传遍整个埃及，为埃及此后历任君主树立榜样，一个无论是从寿命方面，还是从维持王国多年和平安宁方面都难以超越的榜样。关于这一点，没有人会比他的继承人梅伦普塔王子更了解，事实证明，想要超越拉美西斯二世完全是在挑战极限。

拉美西斯二世的名字被刻于无数古迹之上，还出现在《圣经》中（《圣经》中曾提及比东和拉美西斯两座城），这或许可以解释为何拉美西斯二世的名字一直深深刻在西方想象（imaginaire occidental）之中。虽然《圣经》传说中从未提及拉美西斯二世的名字，但我们很快可以确认带领希伯来人走出埃及的法老身份。随后，希腊人将拉美西斯二世的名字从乌瑟玛瑞·塞特潘利改为奥斯曼狄斯（Osymandias），这一名字沿用了多个时期，直至浪漫主义时期，英国诗人珀西·比希·雪莱（Percy B. Shelley）还曾为他创作了一首著名颂诗。正是以这样的方式，拉美西斯二世实现了他所渴望的永生。

高寿国王的木乃伊

从埃及传统角度解释，拉美西斯二世的长寿，不仅是因为他在世时便被神化，还因为他曾多次庆祝塞德节[21]（总计 13 场）。据文献记载，拉美西斯二世生前最后一场塞德节已在筹备之中，但很可能因为法老在举行仪式前去世而最终未能举行。遗憾的是，拉美西斯二世为延长寿命所做的努力并没能阻止身体状况的恶化，这很可能是他搬到位于三角洲地区的新都培尔-拉美西斯的原因。此时，拉美西斯二世已掌控埃及这个当时最强大的王国长达四分之三个世纪（75 年，先以塞提一世王储的身份，后以法老的身份）。掌权 66 年后，拉美西斯二世安息的时刻最终到来，他那年迈的继承人（历任指定继承人中的最后一任）终于得以手握尼罗河流域的统治大权。

拉美西斯二世葬于帝王谷的宏伟陵墓（KV7），他的木乃伊一直保存在墓中，直至 21 世纪。由于当时埃及社会正值动荡不安之际，阿蒙神的祭司们认为防止盗

[21] 关于“塞德节”的介绍详见 81 页。——译者注

墓贼破坏历代法老木乃伊的唯一方法，是将他们的木乃伊转移并藏匿起来。于是，祭司们将法老们的木乃伊藏于德尔埃尔-巴哈里的“隐藏之所”（DB320 号）。1881 年，这处隐藏之所被埃及学家发现，墓中物品如今皆于开罗埃及博物馆中展出。

多年以来，由于保护不善，游客呼吸所产生的大量湿气将拉美西斯二世木乃伊的玻璃橱窗变成了一个小型温室，木乃伊的保存状况开始明显恶化。1972 年，拉美西斯二世木乃伊被紧急运往巴黎，并获得了法国领导人的亲自接见。在法国，专家得以确定引起木乃伊状况恶化的原因（一种以木乃伊机体为食的真菌），并对木乃伊进行辐照，从而彻底杀灭病菌。最后，经过杀菌消毒的拉美西斯二世木乃伊被装入一个密闭容器中，如此便可安全地进行展示。

法国科学家的努力不仅挽救了日益腐败的法老木乃伊，还让人们对拉美西斯二世有了更深入的了解。在法老的臣民眼中，至少是在少数觐见过木乃伊法老的人眼中，拉美西斯二世不仅仅是被人视作神明，他还拥有着神明的外表：身高 1.75 米（超出埃及男性平均身高近 15 厘米），拥有一头惊人的火红色头发，那是属于塞特神的颜色。

对于拉美西斯二世来说，长寿不仅不是福音，反而令他体验了一种“特殊待遇”——他不得不忍受各种老年病的折磨。在历经了因严重关节炎而导致的髋关节硬化以及至少二十年的行走不便后，拉美西斯二世最终去世，享年近 95 岁。行动不便加剧了法老下肢末端动脉硬化的严重程度，引发剧烈疼痛，并伴有截肢风险（虽然这种风险最终并未发生）。事实上，在生命的最后几年里，拉美西斯二世行动极为不便，几乎每次出行都需要乘坐轿子。

法老的牙齿状况是给他造成极大痛苦的另一大原因：X 光片显示，法老的牙齿磨损严重，龋齿及牙齿损伤几乎直抵牙根，引起口腔感染，形成一系列创口和脓肿。在那个没有抗生素的年代，牙痛影响着每一个埃及人：没有人能摆脱牙痛的折磨，法老也不例外，而且相较于平民来说，作为国王，他的饮食中含糖量更高。

绝大多数埃及人的饮食以蔬菜为主。只有上层阶级才有权大量食用牛肉，其他人至多是偶尔食用鱼或野味来补充蛋白质。猪肉在普通人群饮食结构中的重要性一

强大的法老

拉美西斯二世的花岗岩雕塑高约2米（都灵 埃及博物馆）。

直为人所忽视。与几年前学者的普遍看法相反，研究表明，埃及人曾在小村庄里集中养殖猪，以增加日常饮食中的营养。整个尼罗河流域所饲养的牛都是献给诸神的祭品。例如，在古王国时期，为庆祝节日（为期十天，即埃及的一周），神庙每天会献祭十头牛。当然，献祭过后，祭肉不会被随意丢弃，而是会被分发给神庙工人和祭司，有时也会分发给信徒。由于法老和糖果商垄断了蜂蜜，其他人只能吃水果获取甜味，如蜜枣。在古代埃及，只有上层阶级才会面临肥胖问题，余下的人所摄入的营养甚至不足以支撑他们的生存和劳作。

营养不良并非埃及人健康状况不佳和寿命不长（平均寿命为40岁）的唯一原因，他们还会因工作条件、气候或寄

生虫而染上许多疾病。血吸虫病，一种当时极为常见的疾病，这种疾病会导致人体虚弱并使人致残。正如许多寄生虫病一样，血吸虫病并不致命，但卫生情况不佳会导致这种疾病的大肆传播。

因此，即使对于身居君主之位的拉美西斯二世来说，在尼罗河流域活过 90 岁也是极为不易的。

拉美西姆

保存最完好的拉美西斯二世祭庙，因神庙内摆放的巨型雕塑（门农巨像 Memnon）而被称为“Memno-nium”。上图除了可以看到祭祀法老拉美西斯二世（已经去世且被神化）的神庙外，还可以看到神庙旁留存下来的土坯结构，如放置祭品的仓库。

档案：卢克索与卡纳克神庙

自第 12 王朝起，底比斯城便成为埃及的一座重要城市，并且因阿蒙神崇拜和卡纳克神庙而变得越来越重要，各个王朝的法老都曾先后对它进行扩建及改造。

正如荷马（Homère）所吟唱的那样，底比斯是一座“百门之城”。当一支底比斯出身的王室后裔成功征服当地敌人，终结第 11 王朝，恢复中央集权时，底比斯城还是一座连省会都称不上的小城市。正是那时，一位鲜为人知的省级神——阿蒙神，一步步登上埃及主神之位。出于某些很明显的原因，第 11 王朝的君主更为崇拜战神孟图。然而，第 12 王朝的君主却视阿蒙神为守护神，因而他们启动了大规模的建造与改

巴黎的埃及方尖碑

19 世纪初，协和广场（上图）迎来了一座与装饰卢克索神庙正面的拉美西斯二世方尖碑（左图）同等级别的方尖碑。巴黎的这座方尖碑高 23 米，重 227 吨，与卢克索神庙的方尖碑相比体积较小且损坏程度较高。1830 年，为了表示对商博良研究成果的感谢，这座方尖碑被当成礼物赠予法国，但有传言称，它是被人用一个坏掉的装饰钟换来的，也有可能是被考古学家买来的。

造工程，卡纳克的阿蒙神庙最终成为埃及规模最大、功能最强大的神庙之一。不过，令人奇怪的是，赫利奥波里斯的拉神庙依然是埃及境内规模最大的神庙。

太阳神在埃及的影响力极大，因此，将新神阿蒙神与拉神合二为一，创造出强大的阿蒙-拉神也就不足为奇。阿蒙-拉神的演化过程没有阿蒙神那么离奇，在登上埃及万神殿顶端的过程中，阿蒙-拉神逐渐将底比斯诸神所有适宜的特征与特性融入自身。这是埃及祭司惯用的一种做法，以此来让他们崇拜的神祇变得更为神圣。

伟大的建筑师

阿美诺菲斯三世在卡纳克的全部工程，均由他的书吏“哈普之子”阿美诺菲斯负责监督建造。对于埃及人来说，阿美诺菲斯是一个极为重要的人物，以至他死后被埃及民众奉若神明。图为阿美诺菲斯的黑色花岗岩雕塑（卢克索埃及博物馆）。

底比斯卡纳克与卢克索的神庙建造

古王国时期

有证据显示，原本在卡纳克已有一座神庙。

中王国时期

公元前1428年—公元前1400年

为庆祝大赦年，阿美诺菲斯二世在卡纳克建造了自己的神庙。

公元前1390年—公元前1352年

阿美诺菲斯三世将设计建造神庙的任务委托给建筑师哈普之子阿美诺菲斯。

公元前1352年—公元前1336年

埃赫纳吞下令在卡纳克修建阿吞神庙。

公元前1294年—公元前1279年

塞提一世在卡纳克修建宏伟的多柱式大厅。

公元前1279年—公元前1213年

拉美西斯二世对卢克索神庙进行翻修，扩建神庙围墙，修建塔门，并在塔门上雕刻卡迭石之役的战争场景。

公元前380年—公元前362年

奈克塔内波一世修建狮身人面像大道，将卢克索与卡纳克的神庙连接在一起。

公元前332年—公元前323年

亚历山大大帝在卢克索重建阿蒙圣船祭堂，并在祭堂中留下他扮成法老形象的浮雕。

阿美诺菲斯三世

红色花岗岩雕塑（卢克索博物馆）。

阿蒙神庙

我们如今所熟知的阿蒙神庙是塞索斯特里斯一世（Sésostris Ier）于第 12 王朝初期所建，当时还是一件未完成的建筑作品。与其他神庙和圣地一样，卡纳克阿蒙神庙的前身是另一座建筑，考古学家可以确定其建造时间为中王国时期。它可能是一座没有什么重要用途的小型纪念性建筑物，因此，塞索斯特里斯一世下令将其拆除，在原址上修造一座全新的宏伟建筑。随后，第 13 王朝和第 17 王朝的法老对这座新建筑进行了扩建。如今，只能在专家所说的“中王国王宫”（祭庙正前方）中可以看到原建筑遗址的核心部分。之后的历任法老或多或少都为神庙的扩建做出了贡献，包括托勒密王朝的法老。

尽管建筑遗址的丰富程度及规模令人印象深刻，人们在参观时仍常常会忽略它。卡纳克神庙的布局及所使用的元素与其他埃及神庙完全相同：一个码头（河边），一条主神道，一座塔门，一条柱廊，一间多柱式大厅与一间祭堂。虽然拆除、重建、改造和后续的扩建可能会对布局有所改变，但总体结构是确定的。

码头入口（如今为停靠公交车的巨大沥青平台所掩盖）是拉美西斯二世的

作品。奈克塔内波一世（Nectanébo Ier）下令缩短了与神庙相连的斯芬克斯大道长度，他可能还下令修建了第一座未完工的塔门（令人惊讶的是，建造用的坡道至今一直保留在塔门内）以及建筑群四周的围墙。斯芬克斯大道所通向的庭院，是神庙中唯一允许平民百姓进入的地点，汇集了各个王朝的建筑：拉美西斯二世的斯芬克斯旁矗立着塞提二世的礼拜堂（两个人均来自第19王朝），塔哈尔卡（Taharqa）的亭子（第25王朝），图坦卡蒙的斯芬克斯（第18王朝），拉美西斯三世的神庙（第20王朝）以及谢斯弘克一世（Sheshonq Ier）的布巴斯提斯门廊（第22王朝）。第二座塔门始建于霍伦希布统治时期，建成于塞提二

卡纳克神庙的圣湖

举行祭礼之前，祭司会在湖中沐浴，净化身体。

卡纳克的多柱式大厅
（第168页）

这间让人为之震撼的多柱式大厅，由134根纸莎草状柱头（开放式与闭式皆有）的立柱组成，上面饰有精美绝伦的铭文及浮雕。

世统治时期。这座塔门通往卡纳克神庙中最著名的地点：由134根立柱组成的多柱式大厅，其中有12根立柱远高于其他立柱（21米），立柱沿神庙中轴线一字排开，由多位法老共同建造完成。多柱式大厅始建于阿美诺菲斯三世统治时期，厅内的装饰工程始于塞提一世统治时期，结束于拉美西斯二世统治时期。始建于阿美诺菲斯三世统治时期的第三座塔门，位于精美绝伦的柱廊之后，与第四座塔门相对，通向神庙中最古老的部分。第三座塔门与第四座塔门中间曾坐落着四座方尖碑，标示着祭庙南北中轴线的起点。

第四座塔门与第五座塔门中间有一小块空地，第五座塔门与第六座塔门之间亦是（所有空地中最小的一块）。第六座塔门之后，是神庙中最为私密的场所，内有若干房间、祭坛以及一间用来停放圣船的房间，建于图特摩斯三世统治时期。停放圣船的房间是由菲利普·阿里戴奥斯（Philippe Ⅲ Arrhidée）下令建造，取代了图特摩斯三世时期修建的另一建筑。

坐落在存放圣船的房间背后的是中王国时期修建的神庙与放置阿蒙神雕塑的祭堂。紧随其后是一座完全独立的建筑——被誉为“最荣耀的建筑”的阿赫·梅努神庙（Akh-Menou），是图特摩斯三世为庆祝统治30周年及之后的塞德节所造。这座建筑南北朝向，与卡纳克神庙的中轴线垂直。神庙中有一座“植物园”——一系列绘有法老在叙利亚-巴勒斯坦地区作战期间收获的外来动植物浮雕。

除了规模宏大以外，卡纳克神庙最重要的一个特点是有两条中轴线。第一条中轴线与尼罗河垂直，即东西走向。第二条中轴线起始于第三座塔门与第四座塔门之间，与第一条中轴线垂直，从南至北延伸至穆特神庙的外墙处。圣湖是两条中轴线所构成的象限中最明显且最易识别的元素。为了完成祭祀仪式，神庙祭司曾经在这片辽阔的湖水中净化身体，如今这片湖水已受到严重污染。

南部中轴线上的第一座塔门，也是整座神庙中的第七座塔门，由图特摩斯三世所建，并在多年后由梅伦普塔下令装饰。紧随其后的是哈特谢普苏特女王建造的第八座塔门和霍伦希布下令建造的第九、第十座塔门。

卡纳克的阿蒙神

得益于第 12 王朝出身于底比斯的法老，阿蒙神从一位没落省会中不那么重要且信徒寥寥的神祇，一跃成为埃及这一地中海东部大国的主神。阿蒙，意为“隐藏者”，在埃及享有巨大声望，尽管它是通过不断吸收其他神祇的特性而变得越来越重要，尤其是底比斯地区的诸神，如科普托斯（Coptos）的敏神（Min）。以外来神话为基础，吸收来自孟菲斯、赫利奥波里斯和赫莫波利坦等地区的各种思想，埃及神学家为阿蒙神设计了一个与之相匹配的神话，底比斯的宇宙起源说可以证明这一点。阿蒙神的两个圣兽为长着卷曲羊角的公羊和鹅。他常常以蓝色皮肤，身着短裙，头戴高耸笔直的羽毛冠（有时饰以公羊角），手持瓦斯（Ouas）权杖和安卡十字架的形象出现在埃及壁画中。新王国时期，随着阿蒙神地位的不断攀升，阿蒙神庙及其祭司的重要性也得到了同步提升，获得极为可观的经济与政治权力。在向神祇供奉土地和祭品时，法老可谓是不惜血本。因此，随着时间的推移，这些财富和它们所带来的权力积累到了如此地步：阿蒙神大祭司手中的权力与拉美西斯十一世（新王国时期第 20 王朝的最后一任法老）不相上下。祭司群体的过度强大，或许可以解释为何埃赫纳吞迫切想要摆脱阿蒙神崇拜。

卡纳克神庙围墙内的其他神庙

鉴于卡纳克神庙规模宏大，神庙区域内不仅有阿蒙神庙，还有其他神祇的神庙，如孟菲斯的主神洪苏神（Khonsou）和普塔神。神庙围墙外沿北部是孟图神庙，南部是之前提过的穆特神庙。在阿蒙神庙之内，还有一座阿美诺菲斯四世献给阿吞神的神庙，这位神祇曾无情地向阿蒙神发出“除忆诅咒”谕令。

图特摩斯三世建造的普塔神庙，位于阿蒙神庙围墙北端。这座规模不大的建筑中最吸引人眼球的是神庙正中央的礼拜堂，堂中有一尊保存完好的普塔神之妻女神塞赫美特（Sekhmet）雕塑，艺术家将塞赫美特女神雕刻成斩首的造型，颇为震撼人心。

洪苏神庙位于阿蒙神庙围墙西南角，是埃及神庙中的完美典范。这座建筑保存极为完好，让人可以欣赏神殿各部分的细节，这一点对于他的父亲阿蒙神神庙附近保存不佳的建筑来说，可谓是难以企及。洪苏神庙始建于第 19 王朝拉美西斯三世统治时期，而神庙装饰则是由之后的多任法老共同完成。

第二座古底比斯标志性神庙位于普塔神庙北部，卡纳克神庙围墙外沿。这座神庙属于底比斯战神孟图，是阿美诺菲斯三世下令建造，并由他的历任继任者共同完成修建。

长长的斯芬克斯大道可以通往洪苏神庙，这座神庙位于穆特（洪苏之母）神庙外墙旁，距离阿蒙（洪苏之父）神庙 400 米。这片建筑群的最大特色是被一弯新月形的圣湖三面环绕。尽管专家认为洪苏神庙的主体部分是在阿美诺菲斯三世统治时期建造，但最新发掘显示，哈特谢普苏特在建造过程中也曾起到不可忽视的作用。可惜的是，神庙的保存状况极为糟糕，以至在考察神庙遗迹时很难想象其原有布局。

卢克索神庙

连接阿蒙神庙围墙与穆特神庙围墙的斯芬克斯大道，沿着穆特神庙正立面一路向南延伸，最终与底比斯的另一座标志性大型建筑卢克索神庙的正立面相连。

卡纳克阿蒙神庙浮雕 在多柱式大厅一面浮雕墙上，法老正在向阿蒙神献祭。

尽管专家假设，中王国时期[22]此处原有一座神庙，但如今发掘出的遗迹最早只能追溯至第13王朝。与同类纪念性建筑物一样，卢克索神庙也是由多位法老参与建造的。卢克索神庙如今的形制可追溯至哈特谢普苏特统治时期。饰有圆形立柱的庭院以及紧随其后的巨型柱廊均由阿美诺菲斯三世下令建造，两者构成了神庙中最为隐秘的部分。伟大的拉美西斯二世完成了对卢克索神庙的扩建，他在神庙中增建了一条柱廊和一座正立面上刻有卡迭石之役战争场景的塔门。最后，亚历山大大帝对卢克索神庙的圣船祭坛进行了重建，而罗马人则在神庙周围建起一座营地，用来安置士兵。

卢克索神庙中供奉的神祇——底比斯的阿蒙神，被埃及人称为“南部的欧佩特（Opet）”，在欧佩特祭典中尤为重要。这一祭典会在每年阿赫特季（也可以说是汛

[22] 这一时期包括第11和12王朝。——译者注

期）第二个月的 15 日或 19 日举行。尽管祭典仪式的大体过程众所周知，但具体细节却无从知晓。

哈特谢普苏特统治时期，在欧佩特祭典过程中，人们会抬着阿蒙、穆特以及洪苏神雕像，沿着斯芬克斯大道，朝着卢克索神庙方向前进，并在沿途的亭子处稍作休息，最后沿水路返回。阿美诺菲斯三世时期，3 位神祇的雕像则是在圣船上完成游行。由于举行欧佩特祭典是为了让法老的力量再生，因此，法老在祭典中极有可能是全程参与。欧佩特祭典是整座城市的重大节日，参与其中的民众心中无疑充斥着节日的喜悦。

三位神祇的圣船抵达卢克索神庙后，穆特神和洪苏神雕塑可能会被放入多柱式大厅，而阿蒙神雕像则会与法老一同进入神庙中最为隐秘的地方，举行一些我们所知甚少的仪式。我们可以推测，仪式中可能会包括重新加冕，阿蒙神与穆特神（诞下洪苏神）之间的某种神秘结合。

卡纳克神庙和卢克索神庙不仅定义了底比斯这座城市的本质，还决定了城市的结构。实际上，为了建造卡纳克神庙和卢克索神庙，法老下令拆除了无数房屋（考古学家在卡纳克圣湖东边发现了中王国时期的一座城市遗址），这使得两座神庙成为新都重建的核心部分。

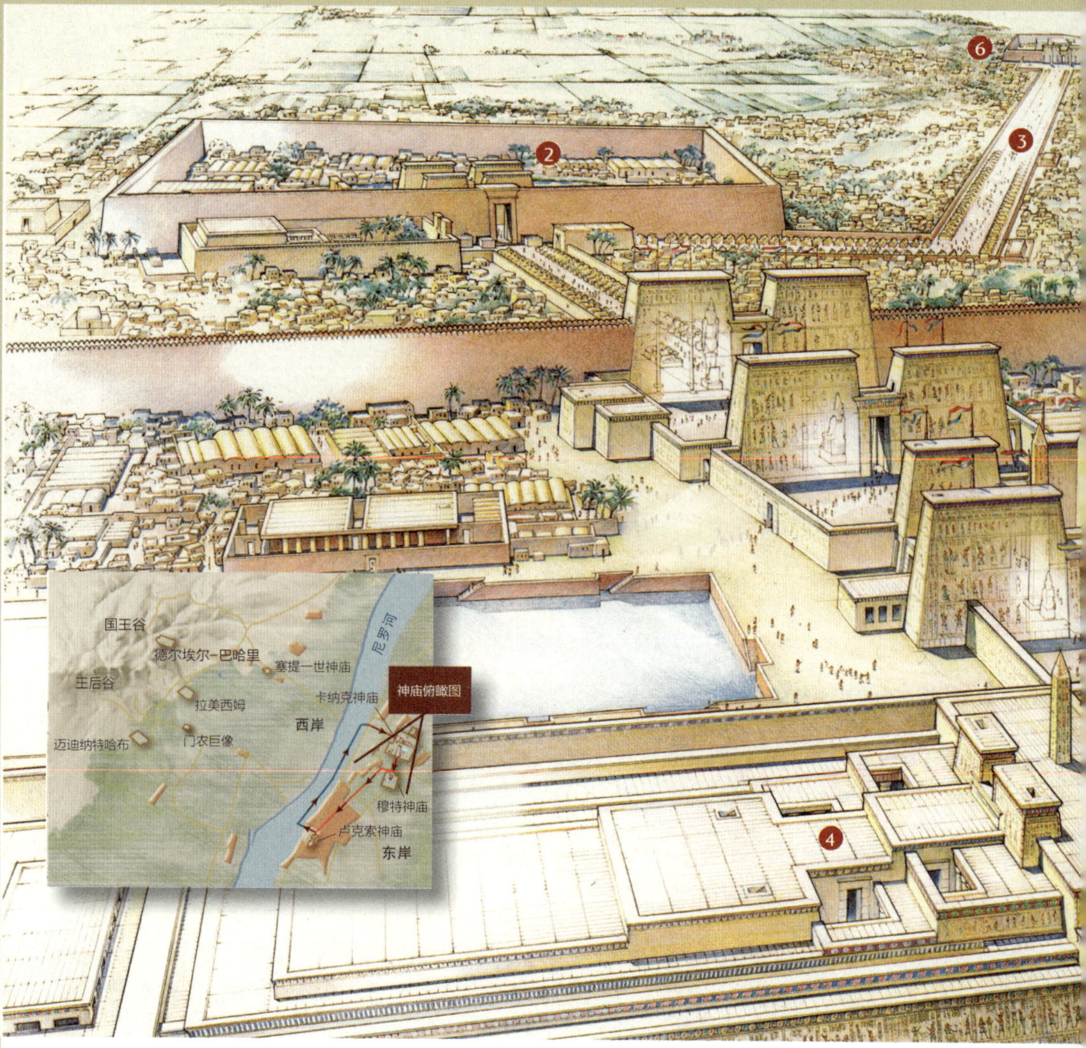

盛大的欧佩特祭典

欧佩特祭典是古埃及最重要的庆典之一，祭典开始于阿赫特季第二个月的15日至19日之间。祭典期间，卡纳克的阿蒙神会被运到卢克索神庙“重生”，法老也会参与游行。法老抵达卡纳克神庙，供奉祭品，举行净化仪式后，祭典正式开始。随后，底比斯3位神祇（阿蒙神，他的妻子穆特女神以及他的儿子洪苏神）的雕塑会被装上圣船，与法老的圣船一同抬出神庙外游行。到达底比斯后，游行队伍前往卢克索神庙，在那里，阿蒙神会命令荷努姆神再次为法老制作一个“卡（ka）”的小塑像。如此，法老便被视作再次加冕，在神庙中重生。

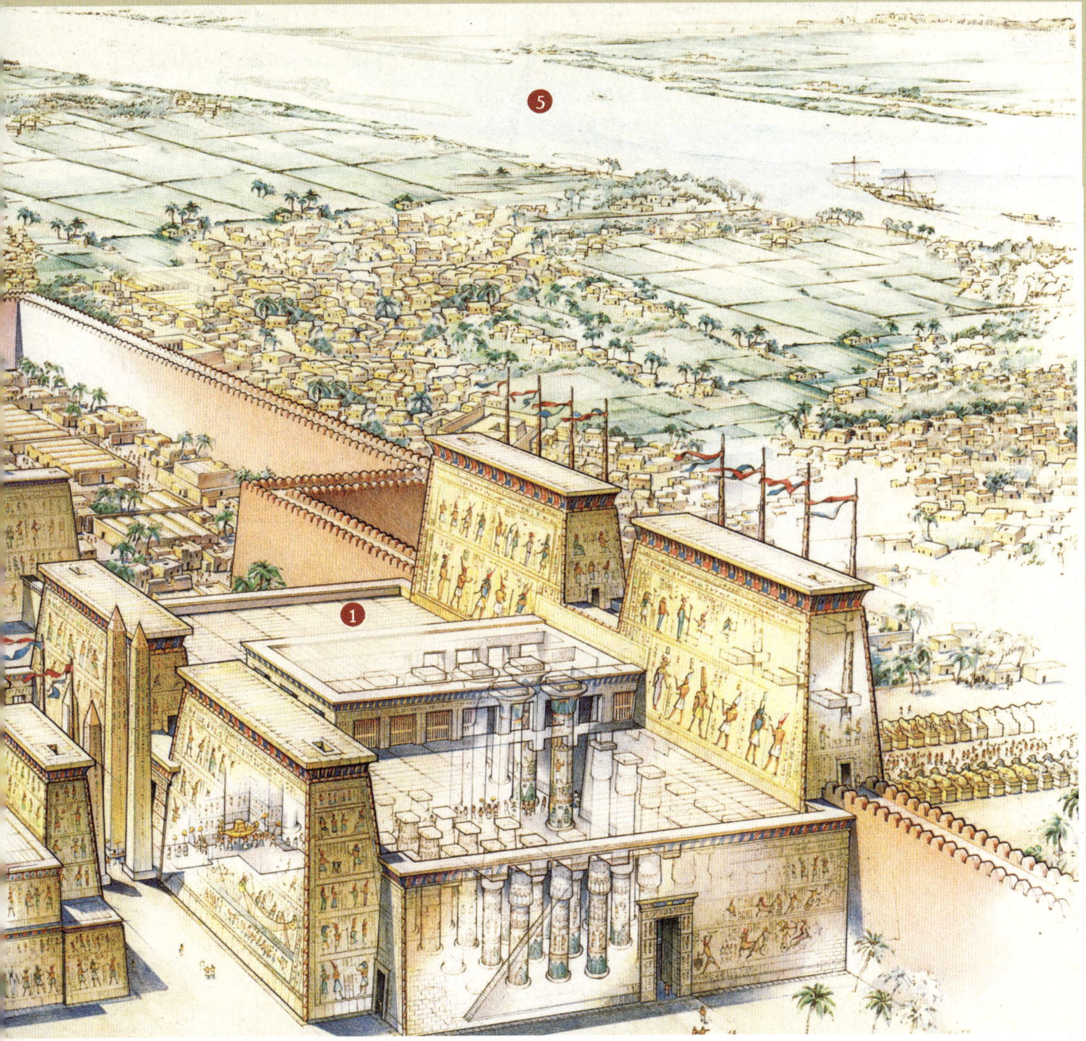

蒙圣船：在游行过程中，阿蒙的众位祭司用肩膀扛着阿蒙神圣船。

❶ **从卡纳克到卢克索：**阿蒙神雕塑从卡纳克神庙一路行至卢克索，整个行程为3公里。沿途设有亭子，供祭司休息。

❹ **阿蒙神庙：**神庙是阿蒙神在人间的居所。只有在欧佩特祭典那天，法老和大祭司才可以进入祭堂，拿出圣像。

❷ **穆特神庙：**阿蒙神庙南边是神之妻穆特女神的神庙。两座建筑之间由一条两边坐落着斯芬克斯像的游行大道相连。

❺ **沿尼罗河溯流而上：**选择走水路游行，一支船队会载着诸神圣像、法老及扈从，从卡纳克前往卢克索。

❸ **欧佩特游行：**欧佩特祭典路线有两条，一条是陆路，另一条是尼罗河水路。在第一种情况下，游行队伍沿着连接卡纳克神庙与卢克索神庙的斯芬克斯大道行进。

❻ **卢克索神庙：**建于第18王朝，是一座献给阿蒙神的神庙。哈特谢普苏特女王曾对其进行大规模改造，它如今的形制可追溯至阿美诺菲斯三世时期。

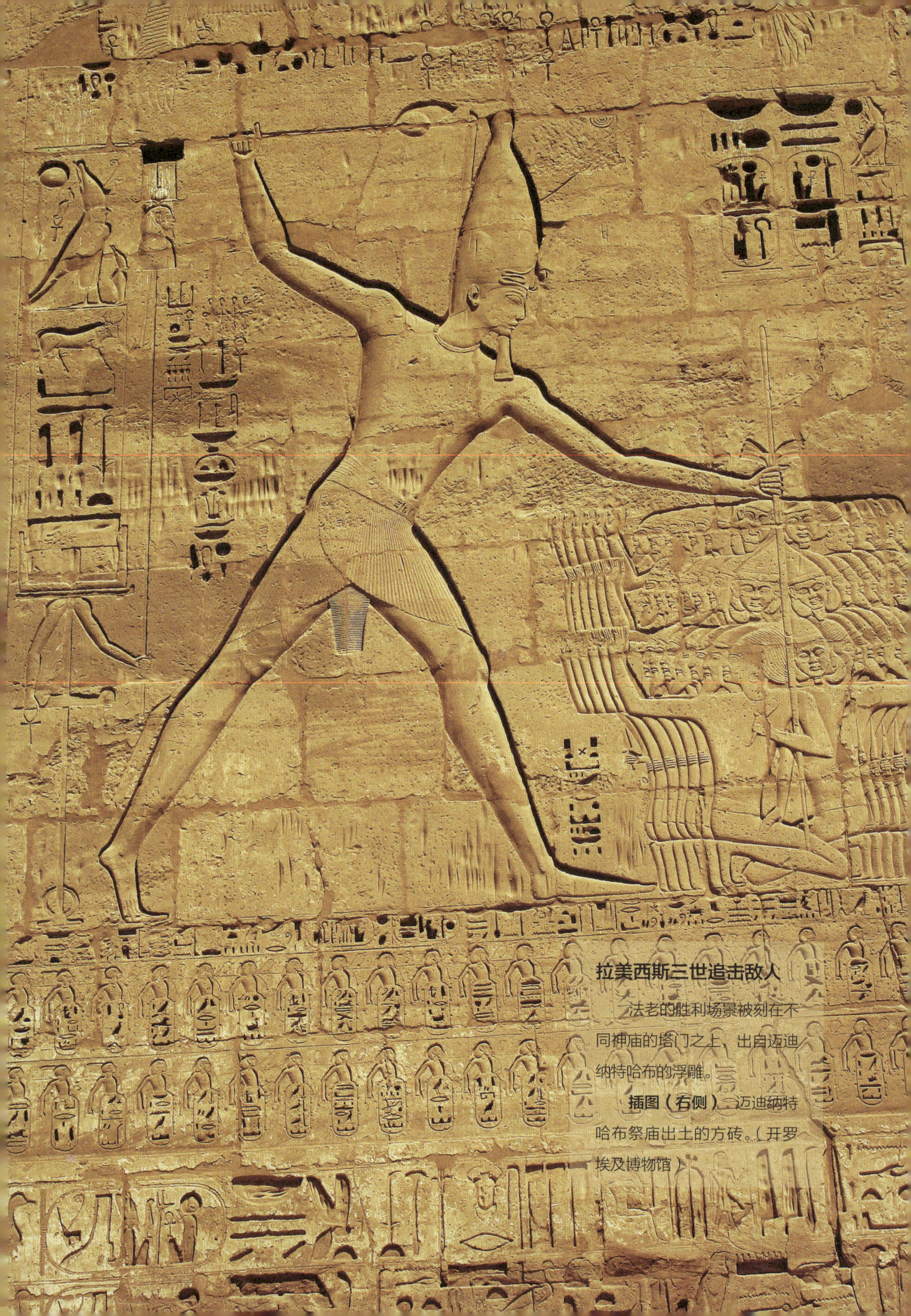

拉美西斯三世追击敌人

法老的胜利场景被刻在不同神庙的塔门之上，出自迈迪纳特哈布的浮雕。

插图（右侧） 迈迪纳特哈布祭庙出土的方砖。（开罗埃及博物馆）

拉美西斯二世的继任者

在拉美西斯二世这位统治埃及如此长时间的君主去世后，没过多久，他所代表的那个辉煌王朝便迅速土崩瓦解。东地中海地区的局势正在发生变化，从拉美西斯二世的继任者梅伦普塔开始，紧接着是第 20 王朝的建立者拉美西斯三世，在面对埃及边境线上的海上民族压力时，都不得不采取果断防御的军事策略。

作为第十三位顺位继承人，王室大妃伊西斯-内菲蕾特之子，梅伦普塔在其父生命的最后 10 年里，受命代为摄理国家。所以，他是一位相当成熟的君主。登上王位之时，梅伦普塔可能已 60 岁有余，并具备一定的执政经验。应该这么说，他在被任命为继任者之前，就一直担任埃及军队的总司令，在他成为摄政王前，已经担任这一职务 5 年时间。因此，作为一位初登大位的新任法老，梅伦普塔能够雷厉风行地解决那些军事上的难题，一点也不奇怪。

帝王谷中的陶沃斯蕾特墓

按照埃及帝王葬制，女法老陶沃斯蕾特葬于帝王谷。不过，在陶沃斯蕾特登上王位前，她已故的丈夫塞提二世已经赋予了她这项只有法老才有资格行使的特权。

很显然，陶沃斯蕾特墓原本是一座帝后合葬陵。它是帝王谷中较深的陵墓之一。陶沃斯蕾特死后不久，她的继任者塞斯纳赫特（Setnakht）也葬入了这座陵墓。陶沃斯蕾特墓的布局与同一时期的其他陵墓完全一致，不过，它有一个独特之处：墓中有两座主墓室，墓墙装饰中也同时呈现了两位墓主人的形象。右图为女法老陶沃斯蕾特陵主墓室的北墙，墙上绘有《洞窟之书》的最后一幕：以圣甲虫、太阳圆盘及站在公羊头上的鸟的形象代表太阳神。在以《洞窟之书》书中场景装饰的其他墓室中，两位君主被分别绘于不同的神祇身侧。在部分壁画中，陶沃斯蕾特的形象被她的继任者塞斯纳赫特法老所取代。

梅伦普塔，拉美西斯二世的继任者

由于拉美西斯二世的长寿，他的嫡子和长子都先他而去，故而登上王位的法老梅伦普塔既非嫡又非长。梅伦普塔是第一个击败海上民族入侵的法老。他将这场胜利记载在“以色列石碑（Stèle d’Israël）”之上。由于它是最早提及“以色列”这个国家的石碑，故而被命名为“以色列石碑”。上图为法老梅伦普塔的雪花石膏雕塑（卢浮宫，巴黎）。

实际上，自拉美西斯二世去世后，那些因他的卓越政治才干和对法老权威的恐惧而臣服的人民中，一部分为了摆脱埃及沉重的负担，选择背叛他的继任者，另一部分则是强行迁徙至埃及，想要在这片尼罗河灌溉的应许之地上生活定居。在三角洲地区，梅伦普塔不得不动用他拥有的全部军事力量，对抗来自利比亚的侵略者（企图攻陷孟菲斯、赫利奥波里斯），并对努比亚地区爆发的一场叛乱进行残酷的镇压，这一点在王室档案中甚少提及。事实上，文献中提到，战俘们是在他们的家人面前被活活烧死，或是被砍去双手、耳朵或鼻子。因着战场上一场场来之不易的胜利，梅伦普塔得以在和平环境中统治埃及数年。梅伦普塔葬于帝王谷中他为自己建造的陵墓（KV 8 号墓）中，

就在他父亲的陵墓旁，俯瞰着他安息兄弟们的巨大陵墓，仿佛是想延续与家人之间的纽带一般，这比他们曾经生活在一起的时间要长久得多。

塞提二世与篡位的儿子

当塞提二世继梅伦普塔登上王位之时，他可能已经步入中年。而在他执政的第二年，另一位国王的名字阿蒙梅西，开始出现在各种文献中，这是他执政生涯中最古怪的一点。塞提二世陵墓建造的停工，阿蒙梅西陵墓挖掘的开始，标志着后者的掌权和合法法老统治的中断（至少在底比斯是这样）。不过，阿蒙梅西陵墓的建造，在塞提二世将其赶下王位之后不久便停止了。

文献中，这位神秘篡位者的身份依旧成谜，因为在他的“僭越行为”结束后，他的所有碑刻都被小心翼翼地损毁。不过，好在他花了足够长的时间来取代塞提二世的地位，这给我们留下了一丝线索，来了解他的个性，或者，至少能说明以他在王室血统中的位置，是有继承王权的可能性的。所以，他可能是一个想把他的老父亲从王位上驱逐下去的儿子。这场叛乱的动机至今仍旧尚未明晰。一些埃及学家认为，在梅伦普塔死后，阿蒙梅西原本有机会成为法老，但因一些我们尚未可知的原因，错过了这个机会。此后不久，也不知是何故，他又决定行使自己的王位继承权，全然不顾此时已有人坐上了王位的事实。因此，在其父不得不想方设法除掉这个叛逆儿子期间，当了几年埃及国王。然而，人们对这一事件的发展仍有诸多疑虑。当被赶下王位之时，塞提二世是否流亡在别处，以便从这次的挫败中恢复过来，并为重新夺回权力积蓄足够的力量？或是与其父花费了数年进行防御相比，阿蒙梅西以某种方式将底比斯地区与王国北部成功地分割开了？一切都是形势使然。

动荡时期

第 19 王朝的最后几年里，似乎充斥着政治阴谋和动荡。当西普塔继承塞提二世王位之时，形势更为严峻。彼时他还只是个孩子，而且因患有小儿麻痹症而足部严重畸形。塞提二世的妻子陶沃斯蕾特和总理大臣拜伊便成为在背后操纵权力之人。拜伊自称是“拥立新王登上他父王王位”之人，这一头衔意味着：在塞提二世死后，西普塔继承两土地的王位是颇具争议的。

历史事实的可能性多种多样，不过，我们认为西普塔是阿蒙梅西的儿子，塞提二世的孙子。因此，虽然西普塔的父亲造反谋逆，但由于陶沃斯蕾特没有给国王生下儿子，作为塞提二世的孙子，西普塔依旧有资格继承王位。由于陶沃斯蕾特手下的朝廷官员对西普塔这位篡位者之子继承王位颇有微词，如果没有代表上任政府的总理大臣拜伊的帮助，西普塔无法最终登基成为法老。不过，我们也可以认为是太后陶沃斯蕾特力排众议，让她丈夫的孙子西普塔继承王位，因为她本可在拜伊的帮助下自行登基，但她后来却担任了摄政王一职。

无论如何，年仅 10 岁的西普塔须在一位成年人的监督下管理整个国家。关于拜伊，现存文献资料甚少，他一直手握大权直至西普塔即位第四年，此后，“拜伊”这个名字便从历史上销声匿迹。年轻的西普塔也没能比拜伊活得更长久，拜伊死后，西普塔在仅仅统治埃及两年后去世。于是，陶沃斯蕾特加冕成为埃及法老。陶沃斯蕾特的统治有一个特点，即她将西普塔在位的几年时间全部算入自己的统治时间，如同她是直接继承塞提二世的王位一般，而这一细节给第19王朝末的历史增添了诸多不确定性。

陶沃斯蕾特仅仅在位两年，我们对她的情况知之甚少。尽管如此，通过研究陶沃斯蕾特陵墓中的绘画、雕塑等作品，专家还是可以在某种程度上还原她的政治生涯。首先，陶沃斯蕾特的丈夫塞提二世还在世时，便赐予她入葬帝王谷（KV 14）的特权，这种情况对于一名仅仅拥有“王室大妃”头衔的女性来说极为不寻常。其次，陶沃斯蕾特墓的前半部分为王室墓室，但规模较小。阿蒙梅西时期，陵墓的开凿工作曾一度中断。西普塔登上王位后，陵墓建造工程重新启动，并在主墓室中饰有女法老独自一人或是紧随法老西普塔身后的场景。然而，当陶沃斯蕾特单独执政后，西普塔的名字便从这些场景中抹除或是替换成塞提二世。随后，陶沃斯蕾特对这座陵墓进行了扩建，使之成为底比斯所有陵墓中最深的一座。陶沃斯蕾特是继梅奈斯、内芙鲁索贝克、哈特谢普苏特和奈菲尔塔利后登上法老之位的最后一位女性。几个世纪之后，伴随着尼罗河流域最后一位女王克利奥帕特拉的去世，埃及自此丧失了国家主权。

第20王朝的开端

与第19王朝所有法老一样，塞斯纳赫特的统治情况因缺乏历史文献资料而鲜为人知。目前仅有两份文献曾提及法老塞斯纳赫特：象碑（Stèle d’Éléphantine）和《哈里斯大纸莎草书》（*Grand Papyrus Harris*）。鉴于塞斯纳赫特同样垂涎于王位，在西普塔死后，他成为陶沃斯蕾特的主要竞争对手。

与这一时期的其他法老一样，我们对塞斯纳赫特的身世背景亦是一无所知。不过，有两个小细节表明他可能与拉美西斯家族有着某种血缘关系。第一点在于，他

埃及外部的传统敌人

外族人的身影一直在各种古代埃及文献资料中反复出现，在不少埃及艺术作品中，对这些邻国人民的特征进行了详细描绘。

埃及人民对这些外族人的描述极为详尽精准，以至历史学家可以毫不费力地识别出他们的身份。在埃及艺术作品中，虽然外族人有时也会以商人或雇佣军的形象出现，但他们大部分时候都是以埃及敌人的形象出现。法老战胜敌人，象征着秩序（埃及）战胜混沌（敌人）。辨认艺术作品中的外族人，有时可以通过皮肤颜色、发型或头饰，不过，更普遍的情况是通过服饰或武器。埃及人通常会将敌人的形象绘在一些象征魔力的物品上，如迈迪纳特哈布的拉美西斯三世宫殿中所铺的地砖：每当法老踩着这些地砖行走时，就如同在践踏他的对手一样。埃及人认为图案具有魔力，法老每次踏足地面时，埃及的敌人便被法老的力量所镇压。与之类似，法老的文书中常常会出现“被踩在脚下的敌人”这句话。[23]

的名字与塞特神有关，而塞特神是伟大的拉美西斯二世最为崇拜的神祇。第二点在于，拉美西斯二世的子孙后代都将之视为法老典范，希望可以与之相媲美，如果有可能的话，甚至希望可以超越他，而拉美西斯二世子嗣众多，朝廷大臣中有人与他有血缘关系也不足为奇。

专家手中掌握的资料极为模棱两可，但可以从中推测，在

[23] 埃及人认为文字也具有魔力。——译者注

描绘埃及敌人的作品 迈迪纳特哈布的拉美西斯三世宫殿中出土的上釉瓷片。这些作品现藏于波士顿美术馆和开罗埃及博物馆。

❶ **阿摩利人（Les Amorites）** 定居于底格里斯河与幼发拉底河之间的土地上，（在埃及艺术作品中）常常以留着胡子的形象出现，面部特征与亚洲人相似。

❷ **皮勒塞特人（Les Pelesets）或腓力斯人（Les Philistins）** 在新王国时期首次入侵尼罗河流域的埃及敌人，头戴高耸的羽毛冠，极易识别。

❸ **努比亚人** 生活在尼罗河以南的埃及的传统敌人，通常被描绘成黝黑皮肤、卷曲头发和厚嘴唇的形象。

❹ **叙利亚人** 叙利亚人常常被描绘成双手被绑的战俘形象，通常留着尖尖的胡子和短发。

❺ **赫梯人** 埃及在新王国时期的死敌，埃及人常常将他们描绘成没有胡子，长着双下巴，头发长而卷曲的形象。

❻ **利比亚人** 在第19王朝成为埃及的一大威胁，法老梅伦普塔曾阻挡他们的入侵。

塞特纳赫特统治时期，三角洲东部曾发生过一场暴乱，而且暴乱的煽动者曾雇用雇佣兵为他们打仗。此外，据《哈里斯大纸莎草书》记载，塞特纳赫特在成为两土地君主之前必须“净化王位”，这意味着他可能不得不将被视为篡位者的法老从埃及历史上抹除，以此开创一个新的王朝——第20王朝。这种说法可以解释为何刻在迈迪纳特哈布的拉美西斯三世祭庙墙壁上的王室年表中抹去了阿蒙梅西、西普塔及陶沃斯蕾特等法老的名字。

很显然，出于某种原因，塞特纳赫特认为阿蒙梅西、西普塔及陶沃斯蕾特是不合礼法的法老，而他父亲的名字[24]在这份王室年表中列于塞提二世之后。法老塞特纳赫特功勋卓著却昙花一现，他的统治仅仅持续了两三年。塞特纳赫特死后，拉美西斯三世继承王位。拉美西斯三世是塞特纳赫特与王后迪伊–梅伦尼塞特（Tiyi-Meryaset）所生，被认为是新王国时期最后一位伟大法老。

拉美西斯三世与海上民族

由于当时人的平均寿命不超过 40 岁，拉美西斯二世与拉美西斯三世的统治之间不过时隔 28 年，因而拉美西斯二世的丰功伟绩依然深深印在每个人的脑海中，对于新近加冕的法老来说更是如此。以拉美西斯二世为榜样，拉美西斯三世同样子嗣众多，拥有两位王室大妃，而且他有 3 个儿子相继登上王位，成为塞特纳赫特开创的新王朝的法老。在整个统治期间，拉美西斯三世竭尽全力，试图取得重大成就，以配得上伟大的拉美西斯二世继任者这一称号，但这并不容易：如果他在即位之初便发动战争，最终势必会导致尼罗河流域陷入动荡不安之中。因此，即位第五年，拉美西斯三世才在努比亚地区发动了第一场战争。这场战役更多的是武力展示，而非是为了军事目的，或是为了征服埃及长久以来以铁腕手段控制的土地（尽管这片土地上偶尔会发生暴乱）。自此，拉美西斯三世开始了持续十年的四处征战。第一个反对埃及的是台赫努人部落联盟，即如今的利比亚，如埃及编年史中所记载的那样，他们在“无限地”集结（换句话说就是“大量集结”）后，向埃及进发。最初，他们声称只是为了参加法老为台赫努部落首领举行的册封典礼。据史料记载，显然是埃及诸神在法老落入台赫努人圈套前作出了干预，让拉美西斯三世得以了解敌人的卑鄙行径，调动埃及军队应对危局。毫无疑问，这场战役以埃及的全面胜利而告终：12000 名敌方士兵战死沙场。

海上民族给埃及乃至整个东地中海地区带来了无尽的苦难。这个由爱琴海地区不同民族混合而成的异族联盟横穿地中海东海岸，所到之处片甲不留，并在东地中海各地区定居下来：皮勒塞特人，成为后来的腓力斯人；斯卡拉人（les Sikalas），

[24] 身份不详。——译者注

成为后来的西西里岛的西堪人（les Sicules）；等等。东方外交舞台上的主角一个接一个被打败：乌加里特、赫梯、塞浦路斯、阿慕洛……惊人的消息迅速传播开来，此时拉美西斯三世已在位8年，他有足够的时间为即将到来的大规模入侵做好准备。

与海上民族战斗的场景记载于迈迪纳特哈布的拉美西斯三世祭庙中。在记载战争场景的系列浮雕中，第一幅浮雕展现了法老通过培尔-拉美西斯的“法老现身显形之窗”向各部队指挥官发表演讲的场景。法老向指挥官们传达的信息糟糕透顶，这既是在意料之中，却又令人惴惴不安：“这些外族人从他们的国家渡海而来，正信心十足地前往埃及。”于是，法老的整个后勤部门全力为军队准备军需物资备战。然而，这对于埃及人来说并不容易，埃及士兵不得不两次与敌方军队正面对决，才最终彻底打败敌人，将他们赶出三角洲地区。

浮雕上总共记载了两场战役：第一场战役是在陆地上展开，第二场战役是在海洋与陆地上同时展开。考古学家没有发现任何线索明确指向两军对垒之地。不过，我们可以猜测，埃及人意识到巨大的威胁笼罩头顶后，会竭尽全力在远离尼罗河流域的地区阻击敌人。因此，陆地战有可能是发生在三角洲东部边界和巴勒斯坦南部海岸之间的某个地区。埃及一方有足够的时间布下天罗地网，毫不留情地执行制定好的军事战略。埃及士兵们将要面对的是数量极为庞大的敌人。据浮雕记载，海上民族结伴前行，声势浩大，如同一座移动的城市。队伍中，士兵们列阵于沉重的牛车前，车上载着他们的个人物品及家眷。海上民族的入侵不仅仅是为了掠夺战利品，更是为了寻找新的定居地。为了消除威胁，埃及人向他们无情地发起突袭，并成功取得胜利……不过，只是取得了部分成功。

由于海上民族不是一个政治实体，而是由多个民族共同组成，因此，他们不能被视作一个统一的国家。尽管拉美西斯三世的军队歼灭了其中一支分遣队，其他分遣队仍对埃及的稳定构成威胁。在海陆两栖的战役中，埃及军队大败第二支分遣队，这场战役同样记载于浮雕之上。

据浮雕显示，一支来自外邦的船队（没有船桨）经由一条看起来像是水路的通道，一路畅通无阻，直抵埃及沿海，以便让士兵登陆。海上民族不知道他们的一举

第 20 王朝法老

公元前1186年—公元前1184年

塞特纳赫特 陶沃斯蕾特死后曾短暂统治过一段时间。

公元前1184年—公元前1153年

拉美西斯三世 在与海上民族的对战中取得重大胜利。

公元前1153年—公元前1147年

拉美西斯四世 哈马马特旱谷纸莎草（注：都灵纸莎草地图，世界上最古老的地图）出自他的统治时期。

公元前1147年—公元前1143年

拉美西斯五世 阿蒙神大祭司获得更多权力。

公元前1143年—公元前1136年

拉美西斯六世 侵占前任法老们的几处纪念性建筑物。

公元前1136年—公元前1129年

拉美西斯七世 统治期间曾发生严重的经济危机。

公元前1129年—公元前1126年

拉美西斯八世 统治短暂且未发生重大事件。

公元前1126年—公元前1108年

拉美西斯九世 帝王谷王陵曾多次遭到盗掘。

公元前1108年—公元前1099年

拉美西斯十世 统治期间，德尔埃尔-梅迪纳曾举行罢工。

公元前1099年—公元前1069年

拉美西斯十一世 在他的统治下，“新王国时期”在危机中结束。

一动都在埃及的监视之下，因此，在他们完成兵力调遣前，埃及海军便发起了突袭。战争一触即发，埃及海军与海上民族舰队互相投掷武器，最终，埃及士兵成功登上其中一艘战船，将其他战船驱赶靠岸，上岸的海上民族战士被埃及步兵围歼。在混乱的战斗中，法老和剩下的弓箭手向海上民族士兵射箭，一举歼灭敌人。战斗逐渐偃旗息鼓，埃及士兵对抓获的战俘进行清点，并在他们身上印上俘虏的烙印。

正如拉美西斯三世即位第八年的文献中所记载的那样，“海上民族”或“来自北方岛屿的民族”并非是拉美西斯三世所要面对的最后一支军队。除了可能在巴勒斯坦地区发起的一场战役外（如今对

此战几乎一无所知），拉美西斯三世即位第十一年，利比亚人也以一种更有组织的方式卷土重来。他们的目标不是征服或摧毁埃及，而是像某些海上民族那样定居于尼罗河流域。与海上民族一样，刻有埃及与利比亚人战斗场景的浮雕中也绘有妇女、儿童和畜群。浮雕中，法老驾着战车，击败了一队行军中的利比亚士兵。在这一战中，2000 名利比亚人丧生，埃及俘获战俘 2052 名，其中有 1200 名士兵。

德尔埃尔–梅迪纳的罢工

拉美西斯三世的统治似乎相当成功，但有一个问题极为突出：拉美西斯三世统治末期，尼罗河流域出现了社会经济问题。德尔埃尔–梅迪纳的工人为了讨回工资而采取了非常措施，这无疑是局势恶化最有力的证据。

战败的腓力斯人

迈迪纳特哈布的拉美西斯三世祭庙的墙壁上，描绘了双手反绑在后背的战俘游行的场面。在这幅浮雕细节图中，头戴高耸羽毛冠的皮勒塞特人或腓力斯人颇为引人注目。另外，其中部分战俘采用的是正面刻画，这种情况在埃及浮雕艺术中极不寻常。

最初，他们是通过向上级写信的方式表达不满，告知上级欠他们大量口粮。口粮不仅发放时间迟，甚至有时根本就没有发放，而且，最终收到的大麦和小麦往往质量极差，无法食用。

后来，德尔埃尔-梅迪纳的居民意识到他们对于法老的重要性：是否能及时修建与装饰陵墓，以迎接法老遗体入葬，并在来世保护法老，完全取决于他们。如果没有一座符合身份地位的陵墓，法老就会面临无法在来世生存的风险，也就是说，德尔埃尔-梅迪纳的居民具备向法老施加压力，确保法老考虑他们要求的能力。于是，当工人们最初的请求没有被满足时，他们选择使用罢工这一有力武器，决定停止工作直至上级向他们支付拖欠的工资为止。这是历史上首个记录在案的罢工案例：一群工人选择罢工作为强制手段，以获取应得的工资。最初，拖欠的部分工资得以发放给工人，并承诺这种事情以后不会再发生。然而事实证明，这个承诺不过是一句空话，工人们再次发起罢工，甚至要求维西尔出面解决问题。最后，维西尔补偿了工人所遭受的损失。意识到罢工所能带来的危害，维西尔威胁工人不要冒着被惩罚的风险重复这种武力示威。然而，他的威胁并没有起到任何作用，因为我们知道几年后，在拉美西斯四世统治期间，德尔埃尔-梅迪纳又发生了几起罢工。

价值观危机

在德尔埃尔-梅迪纳工匠村出现的问题，只不过是埃及行政当局正在逐渐瓦解的一个外在表现。当然，希望在尼罗河流域定居的外族人不断“骚扰”埃及边境，确实给埃及人民营造了一种不安全的氛围，但这绝不是自拉美西斯三世统治时期起蔓延至整个第 20 王朝政府腐败的原因。税务官向纳税人征收比他们应缴的数额要高的税款金额，以此来中饱私囊，而书吏则会随意增减进出的商品数量，直至达到商店须缴纳赋税的金额。

这种危机还出现在埃及文化中的重要组成元素——公正（不要忘记玛阿特在埃及的重要性）中。在此之前，人们认为法院以及在必要时维西尔和法老会为原告伸张正义，然而自此之后，审判结果开始引发民众对法官的不信任，他们称法官对富人比对穷人宽宏大量得多。

女神玛阿特，埃及秩序与正义的化身

在新王国时期，不少法老的王衔中都含有女神玛阿特的名字。这位神祇代表着法老所应维持的宇宙秩序。玛阿特女神还是正义女神，埃及君主是她在人间的最高代表。

玛阿特往往是以女性形象出现，头戴一根白色鸵鸟羽毛。有时，她会被描绘为一个蹲坐着的女性形象，脸朝向双膝，微微欠身，手持鸵鸟羽毛。作为正义的代表，在神庙门口履行法官职能的祭司们会在舌头上绘上玛阿特女神的羽毛，以便作出公正裁决。埃及人眼中最重要的审判是死后对精神或灵魂的审判，死者的心脏会被放在天平的一边，代表他一生中的所作所为，在天平的另一边则放着一根鸵鸟羽毛（玛阿特权力的象征）。

上图 玛阿特浮雕（国立考古博物馆，佛罗伦萨）。

拉美西斯三世的奥西里斯柱

在卡纳克阿蒙神庙的外墙内，拉美西斯三世还修建了一座规模略小的神庙。在这座神庙的圣船礼拜堂庭院中，有一排奥西里斯柱，圣船礼拜堂以祭庙形制修建，位于神庙最外沿的庭院中。

当时埃及的贪污腐败状况极为明显，有时甚至骇人听闻，比如盗掘帝王谷中的法老陵墓。很显然，每个人都知道发生了什么：有传闻称，一位负责防止盗墓的官员威胁他的下属们，如果不孝敬一部分赃物给他，他就会举报他们；另一个传闻称，一个被关进监狱的盗墓贼在将部分所盗赃物分给狱卒后便重获自由，随后，他的同伙还重新分配了赃物，以弥补他的损失。最终，情况愈演愈烈，以至法老下令从都城起开展一系列调查。盗墓贼被捕，他们的供词以书面形式记载在文献或纸莎草上，供词中描述了盗掘王陵的一些具体细节，例如前面提及的各种传闻。

在这种情况下，埃及民众与诸神之间的关系发生如此大的转变也就不足为奇，每个人都开始虔诚信仰自己所选择的神祇，以换取现实世界中缺失的保护。因此，每个信徒开始将神祇（他们所选择的神祇）视为个人守护神，而不再是宇宙的守护者，这或许可以解释为何神权政治很快在埃及出现。阿蒙神是埃及君主最崇拜的神祇，献给阿蒙神的卡纳克神庙成了尼罗河流域最重要的经济力量之一。不久之后，阿蒙神大祭司还将其享有的宗教与经济权力转化为了政治权力。

针对拉美西斯三世的阴谋

王权不再被视为神圣不可侵犯的事实，无疑说明拉美西斯三世统治末期时局已迅速恶化。一些野心勃勃的朝臣组织了一场巨大的阴谋，企图刺杀法老，并推举法老众多庶子中的一位登上王位。当然，这并不是埃及历史上第一次刺杀［佩皮一世（Pépi Ier）和阿蒙内姆哈特一世（Amménémès Ier）都是这类阴谋的受害者，后者正是死于一场阴谋］，但现今留存下来不少关于这场阴谋的相关审判文书，其中提供了一些极为有意思的细节。

刺杀拉美西斯三世的主谋是他的一位侧妃，她希望能让自己的儿子坐上王位，从而成为“王之母”。埃及法老的后宫，是一个以安置法老的妻妾和孩子，并满足她们的需求为目标的埃及行政机构，是这场阴谋的关键。尽管后宫并非是一个将妃嫔与她们的孩子分隔开的封闭空间，但它无疑确是造成古代埃及政治紧张的主要根源之一。对于这样一个法老可能不会经常去的地方，他很难控制后宫妃嫔的野心。在这场针对法老的刺杀活动中，许多重要人物都参与其中：六名司酒官、十名政府官员、一位将军和一名库什指挥官（他的姐姐是后宫中的一员）。

谋反者使用了所能想到的各种手段，甚至包括巫术。其中一名谋反者承认，他曾召唤巫师对王宫守卫施法，以便那些负责实施刺杀的人能够毫不费力地接近法老。尽管他们费尽心机，但刺杀以失败告终，阴谋暴露于天下。最终，侧妃提伊（Tiyi）没能看到她的儿子庞达吾尔（Pentaour）登上王位。“让我们的人兴奋起来吧！激起他们对陛下的敌意。”这是刺杀主谋向宫外的同伙所传递出的最后一条信息。

随后的调查让一切真相大白，包括刺杀的细节以及参与阴谋之人的姓名，不过揭开这一切是以一种极为特殊的方式：实际上，鉴于埃及人认为在王室档案中留下

迈迪纳特哈布，拉美西斯三世的祭庙

在尼罗河西岸历任法老祭庙旁，拉美西斯三世修建了一座祭庙。他并非是随机选择这一地点的。根据古代传说，这一地点被埃及人称为贾奈特（Djamet），是阿蒙神第一次出现的地点，因此，拉美西斯三世选择在此地建造他的祭庙。祭庙外观与新王国时期的其他神庙完全相同，由于法老希望在一座具有军事风格的纪念性建筑物前方建造祭庙，因此，拉美西斯三世下令修建了一座具有近东特征的米格多勒（migdol，设防岗楼）神庙，并模仿前任法老拉美西斯二世的风格，在神庙北部外墙刻上他与海上民族对抗的胜利场景。神庙内部布局很经典，有一座装饰着柱廊的庭院（右图），庭院通向一间多柱式大厅，厅中有一个巨大的彩色装饰品。另外两间多柱式大厅通往献给阿蒙神的礼拜堂。

一座更为古老的神庙

拉美西斯三世在迈迪纳特哈布修建的祭庙，坐落于之前在此地建造的一座旧神庙附近。这座献给“贾奈特的阿蒙神”的神庙建于第18王朝（新王国时期），有可能是在哈特谢普苏特及图特摩斯三世的统治时期，或是在更早之前。

神庙的建造步骤

大约公元前1600年

伊始 在新王国时期之前，人们选择在迈迪纳特哈布（底比斯西岸的一个地点）修建了一座供奉一位不知名神祇的小型神庙。

公元前1550年—公元前1295年

第18王朝 在哈特谢普苏特和她的继任者图特摩斯三世的统治时期，一座可能是献给阿蒙神的神庙被建在了古老的遗迹之上。

公元前1184年—公元前1153年

拉美西斯三世 他选择此地建造自己的祭庙，以及祭庙围墙包围的次级宫殿和其他建筑物。

拉美西斯三世石棺

新王国时期，王陵和祭庙绝不会建在同一地点。因此，拉美西斯三世的祭庙位于迈迪纳特哈布，而法老却被葬于帝王谷中。祭庙中存放着拉美西斯三世的石棺，这座石棺现藏于卢浮宫。红色大理石石棺顶端，刻着伊西斯女神和她的妹妹涅芙狄丝的美丽浮雕及各种象形文字铭文。

公元前747年—公元前525年

神祇的崇拜者 第25王朝和第26王朝，阿蒙神的崇拜者们与法老一样，选择在此处建造他们的坟墓。

公元前332年—公元前30年

托勒密王朝时期 托勒密家族在其统治期间，对第18王朝建造的小型神庙进行了扩建，增建一座塔门（见右图）。

公元前30年—公元385年

罗马统治时期 研究表明，新近发掘出的庭院和柱廊遗迹，位于托勒密时期修建的塔门前方，遗迹建造时间可追溯至罗马统治时期。

拉美西斯家族与王储的教育

埃及法老可以有后宫佳丽三千。法老可以只册封众妃嫔中的一位为“王室大妃”，也可以册封多位，比如他迎娶的异族和亲公主及侧妃。妃嫔和她们的孩子居住在远离法老的宫殿或后宫中，所有王子们统一在宫廷学校中接受教育。

拉美西斯家族的几位法老登基时已步入晚年。与第19王朝的伟大法老不同，这些法老没有延续将王位传给嫡长子的传统。这一时期，法老的所有儿子都在宫廷学校接受训练，与外邦附庸国的继承人一同居住于王室后宫。部分高级官员的儿子也可以进入宫廷学校，与未来的君主一道接受教育。在学校里，他们会学习如何阅读与写作，以及练习骑马和一些体育运动，例如游泳。作为未来的将军，他们还须接受武器使用方面的训练，例如射箭和驾驶战车。拉美西斯三世之子阿蒙赫普谢夫（Amonherkhepshef）便是接受这种教育的王子之一（见右图：从阿蒙赫普谢夫位于王后谷的陵墓浮雕中可以看到，彼时的王子还是个孩子，他站在父亲身后，手持仪仗扇。在他们对面，是迎接已故法老的死神——长着狼首的阿努比斯神）。在举行的各种宗教活动中，法老的长子都会陪伴在侧。除了身体和智力上的训练外，未来的法老还须履行对诸神的职责。法老是最高等级的祭司，负责在神庙中举行日常仪式。

女神塞赫美特

长着狮首的战争与复仇女神雕塑（迈迪纳特哈布神庙）。

阴谋者的名字会赋予他们永生，为了剥夺这项权利，他们的名字被另一个极为相似却极具负面意义的名字所代替。例如，刺杀拉美西斯三世的主谋（除侧妃提伊之外）可能曾被称为“阿蒙神的仆人”，但他在文献中的名字被改为“Paybakkamen”，意为“盲眼的仆人”。其他刺杀者的名字同样作出了相应的修改。

在审判过程中，参与谋反的后宫女眷曾试图通过组织一场充满强烈性暗示的宴会来讨好法官，这一行为被一位参与者举报。随后，法官和被告都受到了严厉的惩罚。据纸莎草文献记载，绝大部分谋反者被处以死刑或下令自杀。后宫中约有二十名女性因知情不报同样受到惩处，而其他罪魁祸首则被施以割掉鼻子和双耳的惩罚。这种刑罚极为屈辱，它在罪犯身上印上永恒的烙印，让他们在那个人人相识的社会中再无立足之地。

尽管针对他的刺杀失败了，但当时的拉美西斯三世已垂垂老矣，不久后便撒手人寰，此时距离他登上埃及王位已经过去30多年。王位落在他众多子嗣中的一人身上，他同样被称为“拉美西斯”，是以此名坐上埃及王位的第四人。

以军事上的成功、行政上的堕落及价值观的危机为标志，随着拉美西斯三世漫长统治的结束，那个曾经建造出宏伟石碑、主宰地中海的强大埃及帝国，自此不复存在。我们很难解释埃及衰落的原因，文献中仍有商人满载商品乘船前往埃及贸易的相关记载，很显然，埃及经济依旧繁荣，尽管有资料显示，售出的商品货款有时很难收回，法院经常需要处理经济纠纷诉讼案件。想要入侵埃及的外族人给埃及国内不断施加的压力，可能是引起埃及民众普遍忧虑，导致国内变化的根源，但也有可能是以上所有因素都在不断蚕食法老的权力的结果。

档案：象形文字，神圣语言

3000 年以来，埃及人称之为“神圣语言”的象形文字被刻于神庙和陵墓的墙壁之上，以纪念法老的丰功伟绩，成为记载神圣的文本。

伦敦大英博物馆的一个埃及展厅中，展出了一件奇特的文物：一块长方形的花岗岩石块，石块中央钻有一个孔洞，以孔洞为中心向四周辐射出 11 条凹槽，四周刻有十几种象形文字。这件文物发现于 1805 年，后由斯宾塞（Spenser）伯爵捐赠给博物馆，直至 20 年后让·弗朗索瓦·商博良破译出埃及象形文字，它才得以讲出自己的故事。第 25 王朝法老沙巴卡（Chabaka，公元前 716 年—公元前 702 年）下令在这块花岗岩石块上雕刻象形文字，中央的孔洞和凹槽表明，它后来曾被当作磨盘使用。随着时间的流逝，石块上的象形文字磨损严重，不过，通过分析最后几个文字，可以辨认出石块上的文本与孟菲斯主神普塔神创世有关。

如今，这件文物被命名为“沙巴卡石块”，是有关古代埃及文字神圣性最有说服力的文献之一。我们可以从中读出以下这些信息：“依照普塔神由心而生，以舌而语的旨意，无辜者得到解脱，犯罪者得到惩罚，赋予纯洁心灵以生命，赐予愚者以死亡。依照普塔神由心而生，以舌而语的旨意，所有艺术出现，所有职业诞生。”

因此，语言是神祇创造事物的手段。普塔神是通过在心（埃及人认为心是生成智慧的器官）中想象，用嘴巴宣读，构思出万事万物。用心“思考”概念和形象，用语言宣读概念，赋予它们“生命”。反过来，象形文字也让这些概念变得可见。古代埃及人称象形文字为“mdw ntr”，意为“神的语言”。作为神圣的原始书面表达方式，象形文字具有不同寻常的永久性与持续性。这一点从负责宣读神圣

官员梅里（MÉRY） 书吏兼萨卡拉王室档案负责人，墓碑上记载了他在工作中所使用的各种工具（卢浮宫博物馆，巴黎）。

埃及文字：从巅峰到消亡

公元前3300年

精简政府部门任务 国家管理的复杂性导致埃及文字的诞生。

公元前2700年

古王国时期 象形文字用于书写政治和宗教铭文。一种象形文字的快速手写体——“僧侣体”出现。

公元前660年

从第25王朝开始 一种专门用于日常生活的“僧侣体”简化形式——“世俗体”出现。

公元前4世纪—公元前3世纪

托勒密时期 亚历山大大帝的继承人将希腊语引入埃及，作为国家的官方行政语言。

公元前3世纪

科普特语的发展 埃及文字的最后一个组成部分，出现时间很晚。科普特语中使用的是希腊字母，并包含了7个“世俗体”符号。

1799年

发现罗塞塔石碑 石碑上的政令以象形文字、世俗体及希腊语三种语言形式书写，让人得以破解象形文字。

商博良 破译罗塞塔石碑之人。

文本的祭司形象在埃及艺术作品中一成不变可见一斑。这项职能的埃及名称从字面上解释为“卷轴之下的人”，即手持纸莎草卷轴之人，因此，也是可以阅读神圣语言之人。这类手持卷轴的祭司形象首次出现于公元前3000年，专家在古王国时期金字塔神庙和官员陵墓中也曾发现他们的存在，而在3000年后的希腊罗马时期建成的神庙中，他们依然身着同样的服饰，具有同样的特征。神圣仪式从未发生改变，甚至连宣读的文本亦是如此，在合适之人的诵读下，它们会拥有赋予神圣生命的魔力。

永恒不变的文字

正如我们所见，在宗教背景下，仪式文本的传承呈现出惊人的一成不变的特点。由于这种风格的仪式文本极富神话色彩，因而很难根据上下文确定刻有这种象形文字铭文石块的成书时间。沙巴卡石块也体现了这种延续性，可以看出，石块内容是从古老的纸莎草上誊写下来，而且由于这些纸莎草年代久远，石块上还呈现了纸莎草被虫蛀的痕迹。石块中所使用的语言表明，誊写的原稿可能是一本极为古老的文稿合集。

象形文字创造之初所使用的图画符号（最初为表意文字，即用图画表现现实）在各种埃及石碑上保留至今。不久之后，图画符号又增加了表音功能。如此，人们便可以阅读象形文字符号，同样也可以如解读图像一般，解读象形文字符号，将艺术与文字融合在一起，埃及人并未对两者作出明确的区分。自此之后，象形文字保持一成不变，与演变出全新表达和书写形式的埃及通用文字渐行渐远。

神秘符号

祭司是神圣文字的守护者。作为神明崇拜的延续者，他们是唯一能够阅读和书写象形文字的人（尤其是自希腊-罗马时期起）。在新王国后期，尤其是在亚历山大大帝征服埃及之后，象形文字符号的数量成倍增长。中王国时期（公元前 2000 年），象形文字符号在 750 个左右，而到希腊-罗马时期时，符号数量大幅增加至近 5000 个。象形文字逐渐变成一种类似于密码的文字，一种只有祭司才能解读的神秘语言。

跪着的祭司 奈弗仑佩特贵族墓（Tombe de Neferrenpet），第十九王朝（都灵 埃及文物博物馆）。

为何会出现这样的变化？我们应当记得，外族人对埃及的统治，尤其是自托勒密王朝（亚历山大大帝历任继承人统治下的尼罗河流域）起，随着一个更高社会阶层的崛起，祭司所构成的古代埃及精英群体受到排挤，被驱逐出权力中心。这种变化可以解释象形文字最终具有的复杂性：文字成为祭司掌握的知识，垄断了其他人与神祇之间的联系，以此作为政治权力丧失的弥补。

如何书写埃及象形文字

符号 前王朝的表意文字。

表意文字

在最初阶段，埃及文字是一种基于表意的文字，即以象征性的书写符号表达现实。这种现实可以是一个具体的元素（人、动物或物体），或是与一个动作有关。某些表意文字本身同样具有象征意义。

表音文字

由于表意文字无法简单再现抽象的概念和特殊的语法，埃及人需要一个能够代表单词读音（音素）的书写系统。因此，埃及人以现有的大约 150 个表意文字为基础，这些文字在失去其表意作用（如下表）后，具有了一种表音意义（如声音）。于是，表音符号出现，让人们可以转写与原始表意文字不同的单词。例如，代表“房屋（maison）”的表意文字中包含音素 pr，可用于转写包含相同音素的单词“sortir（意为出来、超越等）”。更多示例如下：

表意文字	转写	表音文字
（嘴巴）	r	Vers（朝，向），介词
（鱼叉）	wᶜ	Un（一个），数词
（眼睛）	ir	Faire（做），动词

但是，这并不意味着表意文字最初所代表的单词与新的表音文字发音完全相同，因为象形文字只记录辅音和半辅音，而不记录元音。表音文字可以表示单辅音、双辅音或三辅音。

模型 书吏的工作间。

定符

阿美诺菲斯三世的王名圈

相象形文字的一大特点，是使用一种特定符号：定符。这类表意符号在词末出现且不发音，它们的作用是界定有歧义的单词所属的“实际类型”（注：语义范畴）。以下为两个示例：

• 符号，一个双手反绑的男子，转写为单词 hfty，意为“敌人”：

• 符号，是“房屋”的表意文字，转写为单词 ibw，赋予这个单词“难民，逃亡者”的含义：

大量定符的存在，让人们可以详细描述与人体某些部位有关的人类或神祇所做出的行为，现实世界或是人造物品。

埃及人发明了一种极为复杂的书写系统，根据书写规则（但有许多特例），将象形符号和与等同于字母的符号组合起来，只有王室书吏和宫廷高级官员才能掌握。

物体

嘴巴　公牛　天平
脸　方尖碑　纸莎草卷
男人　加冕　棺材

行为

行走　祈祷　划船
跌倒　建造　分娩
敲，打　飞翔　捕捉

象征意义

啤酒
通过容器（一个罐子）的图像，表示其中所装的内容

风
通过行为的结果——扬起的帆，表示原因——风

神
桅杆上的布是神的标志

单辅音音符　单音字（“一个字母”）对应一个辅音音素。29个符号代表24个音素。注：第一排为象形符号；第二排为转写；第三排为读音。

ꜣ 第一个字母，转写为a
i 半元音 y
y 长半元音 y
y 长半元音 i/y
ꜥ (aïn；a)
w (*waw*；ou)
w (*waw*；ou)
b
p
f
m
m
n
n
r 与“write（书写）”一词中“r”的发音相同
h 送气
ḥ 强烈送气
ḫ 与“ach（表示惊讶，啊）”一词中“ch”的发音相同
ẖ (kh)
s (z)
s
w (ch)
w français：与法语中q的发音相同
k français：与法语中k的发音相同
g 与“gare（火车站）”一词中“g”的发音相同
t
ṯ (tch)
d
ḏ 与“dieu（神）”一词中“d”的发音相同

双辅音音符　双音字（“两个字母”）代表一组辅音音素。这类符号大约现存80个。

mn 国际跳棋
wr 燕子
gm 白鹮
mḥ 鞭子
wn 花
sꜣ 池塘中的莲花
tm 滑条车
dr 水果篮
ḥs 水瓶
ir 眼睛

三辅音音符　第三类表音文字为三音字，代表三个辅音。这种符号现存有50个左右。

ḫpr 圣甲虫
ḫnt 用来放罐子的多层隔板
sbꜣ 星星
wꜣh 扫帚
wꜣs 帝王权杖
nfr 心脏与气管
ntr 旗帜
dbc 手指
psd 半月形
iwn 支柱

有关人类的定符

用嘴巴和头脑完成的行为
建造或搬运行为
老年人
儿童
神，国王
去
看
听
力量，用力
否定
愉快，高度
返回

有关物体的定符

天空
鸟
沙漠，外邦
居住地
液体
耕种

划痕与图案

× 划分，分配
| | | 复数，集合，物质
\\ 双数，二元性
| 代表一个表意文字

三种文字

自托勒密时代起，埃及祭司会使用三种书写系统：象形文字（用于雕刻浮雕和书写神圣文本），僧侣体（用于书籍）以及世俗体（用于日常生活）。出于行政目的，他们同样也使用希腊语（托勒密家族使用的语言）。

时至今日，这三种不同的埃及书写系统依旧以希腊人给它们取的名字命名。象形文字，也被称为“神圣文字”，使用时间从埃及语言的起源、持续至消亡，特别用于纪念性建筑物之上，以及书写政治与宗教铭文。僧侣体或“祭司体”出现时间较晚：它是一种用于快速记录的手写体，为满足日常需要而发明的象形文字简化体，主要用于书写民间和宗教文献以及部分文学作品。僧侣体与象形文字一样，随着世俗体的出现，其使用逐渐减少，并局限于宗教或司祭文献之中。世俗体或“通俗”文字，可以被定义为从僧侣体中演变出的一种简化草体。自第 25 王朝（公元前 8 世纪—公元前 7 世纪）起，世俗体逐渐传播开来，广泛应用于日常生活之中，一直持续至罗马时代。

书吏的工作

在古代埃及，有一个社会阶层与祭司阶层一样，也是文字的掌控者——书吏，他们会根据职责内容选择性使用僧侣体和世俗体。在埃及，文字的使用出现于原始时期（公元前 3300 年左右）之后，当行政任务变得越来越复杂，纳贡的接收、收成的储存以及财物的分配都成为政府官员职能的一部分后，便出现了专门负责起草文件的书吏。

阿布西尔（Abousir）出土的文献表明，第 5 王朝（公元前 3000 年）时期已存在大批为统治集团提供服务的书吏。作为知识的保管人，书吏享有极高的声誉，有些人还可以在自己的作品上署名，这在当时那个手艺人不留名的社会中极为罕见。在部分埃及文学作品中，对书吏这一职业大肆颂扬，例如可追溯至中王国时期的《对各种职业的讽刺》，讲述了一位父亲对儿子的谆谆教诲，文中借对近二十种职业的嘲讽，来赞扬书吏这一职业：“把你的心放在书上。……你看，没有什么

一种基于组合艺术的文字

埃及人发明的书写系统，是一种同时基于表意文字和表音文字的书写系统。表意文字通常会用一条竖杠 | 作出标注，表明这个象形符号是用来表达意义而非标注读音。因此，𓂋| 意为“嘴巴”，而在没有竖杠的情况下，其意义与介词“朝，向”有关。有些单词可以用一个单独的符号表达，而有些词语需要用若干象形文字的组合来表达。以下几种组合方式均有可能出现：

- 单词由一个表意文字构成：𓁷|，ḥr，“脸”。
- 单词由一个表意文字和表音文字组合而成：𓂋𓇳，re，“太阳”，𓇳 为表意文字。
- 单词由表音文字与（若干）定符组合而成：𓂣，mḥ，“从肘部到中指尖之间的距离”（长度单位，约为0.5米）；𓎛𓃀𓋴𓅱𓏏，hbswt，胡子。
- 单词由一个表音文字构成：𓅓，em，介词“de（从……）”；𓁷|，ḥr，介词“sur（在……上面，朝……）”（虽然符号中标注了竖杠，但却不知因何故仍是一个表意文字）。以著名的顶环十字架符号 𓋹 为例，如果带有竖杠𓋹|，符号意为“凉鞋带”，而如果没有竖杠 𓋹，符号则代表音素ankh，即“生命，活着”。

一个象形文字符号后还可以伴有两个表音文字，在不改变词义的情况下方便阅读。这类表音文字被称为“音补”。

如果给一个象形文字符号增加一个定符，它就会变成另外一个词，𓋹𓐍 在如图这种情况下，意为“俘虏，囚犯”。𓋹𓀠 意为“双手反绑的人”，象形文字符号限定了这个男人的“生命”，𓋹 是“被俘虏”。上图为奥西里斯的献祭仪式（卢浮宫博物馆，巴黎）。

埃德福神庙 始建于公元前 237 年。这座献给荷鲁斯的神庙塔门上刻有大量象形文字。

能超越书……我希望你对书的爱远远超出你对母亲的爱，我要向你展现它们的美。”在古埃及，由于缺乏专门负责教学的老师，书吏并非是在学校接受教育的。书吏学徒从 10 岁开始接受训练，在各行政单位和被称为“生命之屋”的神庙中学习书写和计算。学徒们会通过阅读和背诵之前的文本来学习写作，在经由背诵（或如埃及人所说那样“把它们保存在心底”）来理解单词和句子的过程中，同时也逐渐吸纳埃及的基础文化。

公元前 6 世纪，当查士丁尼皇帝下令关闭菲莱岛上的伊西斯女神神庙时，最后一批埃及语言专家消失了，而伴随着他们的消失，人们再也无法破译象形文字。希腊和拉丁作家，以及后来的教士认为，象形文字具有象征意义，因而它们代表的是思想而非发音。公元 5 世纪，埃及作家荷拉波隆（Horapollon）写了一篇有关解读象形文字象征意义的论文。公元 18 世纪，基于荷拉波隆的研究成果，耶稣会会士阿塔纳西乌斯・基歇尔（Athanasius Kircher）提出了一种用表意方式解读象形文字的解释系统，他也犯了与荷拉波隆相同的错误。直至 1799 年，罗塞塔石碑被发现（石碑上刻有用象形文字、世俗体和希腊语书写的托勒密法令），人们才开始重新思考象形文字的翻译角度。让・弗朗索瓦・商博良在研究罗塞塔石碑文本后发现，在一段时期内，象形文字是一种集表音和表意于一体的书写系统。1822 年，商博良因破译象形文字而享誉世界。法老们在神庙和陵墓墙壁上雕刻个人功勋的终极目的得以实现：为人们永远铭记。

拉美西斯六世陵墓天花板

黄昏时分，努特女神吞下太阳的壮观图景。

插图（右侧） 刻有拉美西斯四世王名圈的护身符残片。（贝鲁特国家博物馆）

拉美西斯家族与帝国的衰落

按理说在拉美西斯三世的辉煌统治之后，他的历任继承人中至少应有一部分人继承了他的雄才伟略，然而事实并非如此。尽管他们都以第 19 王朝那位显赫先祖“拉美西斯”之名命名，但没有一人能与拉美西斯二世相提并论，无论在外交方面，还是在内政方面。

梳理拉美西斯三世的血脉并非易事。尽管迈迪纳特哈布神庙墙壁的浮雕中刻着法老的 31 个儿子和 14 个女儿，但迄今为止，专家仅证实了其中 10 个儿子和 1 个女儿的存在。更糟糕的是，他们既没有留下名字也没有任何头衔，只有少数几位王子在多年后成为两土地君主时，才最终确认身份。最先确定身份的是拉美西斯四世，在哥哥先于法老去世后，拉美西斯四世被立为王储。

可能是出于确立自己作为继承人的合法性，拉美西斯四世书面记录了参与弑君的谋反者名单以及他们所判处的刑罚。当时的政治局势可能极为不稳定，这或许可以解释为何他花了 15 个月才下令开始在帝王谷建造陵寝。尽管第 20 王朝历任法老的统治时间极为短暂，但由于大量政府官员长期留在任上，拉美西斯四世在位第一年就达到了某种程度上的政治和平。奈弗伦佩特（Neferrenpet）就是一个很有力的例子，他是普塔神的大祭司，并且自拉美西斯四世起一直担任维西尔，直至拉美西斯六世统治时期。同样地，拉美西斯-纳赫特（Ramsès-Nakht）亦是一直担任阿蒙神大祭司一职，直至拉美西斯九世统治时期。

在短暂的统治时期（大约持续 6 年）里，拉美西斯四世似乎完全致力于为后世留下丰富的建筑遗产。不过，关于这一点，现今并没有更多的信息可以佐证。他的兴建计划不仅让德尔埃尔-梅迪纳的工人数量加倍（从 60 人增加到 120 人），还重新开放了哈马马特旱谷中的采石场。自塞提二世统治以来，埃及一直没有开展任何官方远征，为了获取特殊石材完成建筑作品，这位新任法老组织了 4 次远征。其中，第三次远征最为重要，涉及人数 8368 人。此外，即位第五年，拉美西斯四世还曾远征西奈半岛的塞拉比特-埃尔-哈迪姆（Serabit el-Khadim）绿松石矿。

统治时间短暂且鲜为人知的法老

之后，拉美西斯五世继承了父亲拉美西斯四世的王位，与其父一样，拉美西斯五世的在位时间也极为短暂。有证据显示，拉美西斯五世的统治时间可能仅为 4 年。事实上，他甚至没来得及在帝王谷为自己兴建陵墓，拉美西斯五世去世时，陵墓的建造计划才刚草拟出来。拉美西斯五世的木乃伊显示，法老去世时还是个青年，可能死于一种会引起皮肤病变的传染性疾病。不少专家认为，木乃伊上的伤口可以证明法老是死于天花。

尽管持续时间很短，但相较于他的父亲来说，拉美西斯五世的统治更为活跃，有资料显示，在拉美西斯五世统治时期，埃及仍与周边其他国家有所往来，如西奈半岛上曾发现了属于拉美西斯五世的遗迹（刻有拉美西斯五世名字的彩陶）。拉美西斯五世还是最后一位与叙利亚的蒂姆纳（Timna）保持往来的埃及法老。与此同时，他也很关注努比亚地区，拉美西斯五世与他双亲的名字都出现在布亨（Bouhen）神庙之中。

拉美西斯五世和他的两位妻子没能留下男性后代。继位者拉美西斯六世，是拉美西斯三世的另一个儿子，他继自己的侄子之后，登上埃及王座。拉美西斯六世的统治时间并不是特别长：文献表明，他成为埃及法老仅仅 7 年多时间。

为了留下关于王位合理继承权及自身卓越品质的印记，拉美西斯六世将自己的名字刻于大量已建成的纪念性建筑物之上。有时，他甚至会用自己的名字直接替换掉之前两位法老的名字。关于拉美西斯六世的这种做法，传统史学或是将之归结为继承问题，或是认为与复仇无关，只是一种弥补统治期间兴建的建筑物数量不足的方式。拉美西斯六世渴望青史留名的愿望，同样反映在以下事实中：拉美西斯六世曾给迈迪纳特哈布雕刻的拉美西斯三世众王子游行浮雕添加名字。他首先标出排在游行队列中第一位的是拉美西斯四世，随后又标出了紧随其后的两位王子的名字。或许是为了向他的其他兄弟致敬，拉美西斯六世并未就此作罢，而是继续标注出其中另外 6 位王子的身份。

拉美西斯六世留下的纪念性建筑极少，他最杰出的作品无疑是他在帝王谷中的陵墓。这座陵墓是根据他的侄子拉美西斯五世的设计草图进行修建。拉美西斯六世死后最初被葬在何处不得而知，但他的下葬时间极晚确是毋庸置疑的，因为拉美西斯六世去世一年半以后才举行葬礼。

《梅耶纸莎草书》（*Papyrus Mayer*）中详细记载了一个有趣的细节，即拉美西斯六世陵墓（KV9）被盗掘的方式。这起陵墓盗掘案发生在第 20 王朝末期，具体时间尚不确定。在当时，帝王谷陵墓的盗掘行为越来越猖獗，埃及当局试图制止这种行为，他们设法抓捕了与陵墓盗掘有关的一个盗墓贼。盗墓贼在口供中称：他是一个由 5 人组成的盗墓团体中的一员，他们花了 4 天时间挖出一条可以直通陵墓内部的盗洞，并从墓中盗走了一件重要的陪葬品，这件陪葬品《梅耶纸莎草书》中有着详细记载。

拉美西斯六世的名字曾在西奈半岛多处出现，他是拉美西斯家族中在此地保留雕像最多的一位法老。拉美西斯六世的继任者可能是他的儿子，同样沿用了本王朝的经典名字——拉美西斯，现代历史学家称之为拉美西斯七世。这位新君在位时间与前任法老一样，大约 7 年时间。

关于这位法老的信息不多，例如，在拉美西斯七世统治的前两年，卡纳克的阿

拉美西斯四世陵墓和《洞窟之书》

令人奇怪的是，虽然拉美西斯四世统治时间短暂，但他的陵墓却是王室陵墓中计划最为周详的一座。陵墓建筑结构与同一时期的其他陵墓相同，但墓中有一幅绘着特殊文本的壁画——《洞窟之书》。

最初，王室陵墓中以《阿姆杜阿特之书》中的文本和场景进行装饰。《阿姆杜阿特之书》是一部重要的丧葬经典，书中详细记载了太阳船在夜间12小时的航行旅程。在整个新王国时期，也曾出现过其他丧葬文本。《洞窟之书》便是其中之一，其主题与《阿姆杜阿特之书》非常相近，书中内容在拉美西斯四世陵墓中有着完整呈现（见211页）。夜晚，太阳船必须借道12个洞窟或岩洞，横穿整个冥界。文本中突出强调了太阳神施加在敌人身上的惩罚。这类全新的作品最先出现于拉美西斯家族统治时期，保存在帝王谷的少数陵墓中。在阿拜多斯的奥西里斯神庙中，也曾发现这部作品的痕迹。

拉美西斯四世的乌舍布提雕像

与大部分王室陵墓一样，拉美西斯四世陵墓在古代就已对民众开放，墓内的科普特浮雕可以证明这一点。为了保护法老，拉美西斯四世的木乃伊及其部分陪葬品被转移至阿美诺菲斯二世的王陵中（上图，卢浮宫博物馆中的一尊乌舍布提雕像）。

蒙神庙曾派遣探险队前往东部沙漠，寻找黄金和方铅矿。从现存的5首拉美西斯七世颂诗中，我们可以猜测出当时埃及所面临的困境，尤其是在三角洲地区与埃及传统敌人之间发生的冲突以及邻国企图分裂埃及的阴谋。然而，冲突并不仅仅局限于政治领域：在拉美西斯七世统治的7年时间里，粮食价格持续大幅上涨，这无疑是当时尼罗河流域发生经济危机和社会不安定的有力证据。

在这样一个法老统治相关记载极少的王朝中，拉美西斯八世由于默默无闻和统治时间短暂而成为其中最鲜为人知的法老。

拉美西斯七世去世时没有留下后代，按照当朝传统，理应由拉美西斯三世的儿子接替他登上王位。然而此时，

拉美西斯三世的最后一个儿子也已去世，因而王位本应落在他的儿子身上。不过，事实并非如此，因为拉美西斯八世的篡位（他可能不是拉美西斯三世的直系后代）中断了拉美西斯三世的继承血统，但他仅仅在王位上待了 3 年。有些学者认为，拉美西斯八世确是拉美西斯三世最后一个在世的儿子，但这种假设可靠性很低。这位法老的名字仅出现在一座石碑上和这一时期的两位官员墓中。

下一任法老拉美西斯九世的身世同样无法确定，不过，他很有可能是拉美西斯三世的孙子。拉美西斯九世在父亲去世后登上埃及王位，且并未举行加冕仪式。很显然，他自认为是合法继承王位，视上一任法老为篡位者，因为他从未像纪念拉美西斯六世和拉美西斯七世那般纪念拉美西斯八世。

这一时期，由于无法维持曾经作为大国所享有的外部声望，埃及开始闭关锁国，没有能力再影响周边国家，甚至连绿洲都被利比亚人侵占，不再为埃及所有。不过，努比亚地区还是在法老的掌控之下，因为现存文献中对三位努比亚总督（祖孙三人）

盗墓审判

由于考古学证据及一系列书面证词，帝王谷陵墓盗掘案广为人知。在用僧侣体书写的一大批纸莎草文献中，详细记载了有关帝王谷中陵墓被盗的诉讼案件。这一时期，虽然法老的王宫设在三角洲地区的培尔-拉美西斯城中，而法老却依旧被葬入底比斯的墓葬群中。拉美西斯九世统治时期，底比斯由维西尔卡莫阿塞特负责管理，负责城东的市长帕塞尔及负责西岸的帕乌拉（Pauraa）皆听命于他。王室墓葬群由警卫部长帕乌拉手下的“麦德察（medyai）”负责守卫。帕塞尔在听到有关王室墓葬群被盗的传言后，起诉了几名工人，他们辩白称陵墓之前就已经被打开了。于是，维西尔下令巡查10座王陵，其中7座确认完好无损，但另外3座却显示出被盗的迹象。帕乌拉列出了嫌疑犯名单，并对名单上的所有犯人进行刑讯逼供，不过，最终只有一个名为阿蒙帕尼夫（Amonpanefer）的犯人承认盗窃。

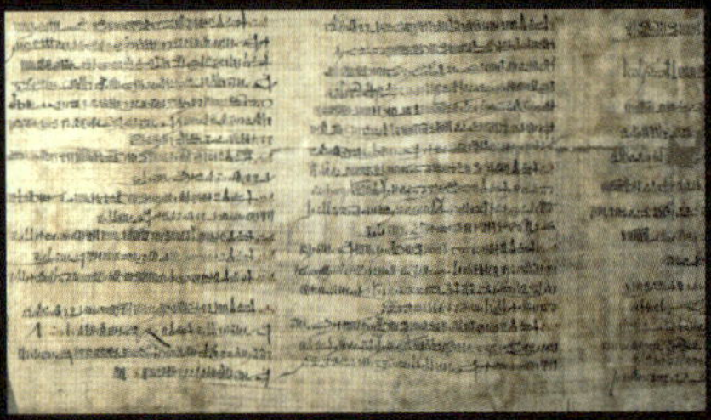

阿伯特纸莎草书

1985年，阿伯特博士在开罗买下了这部《阿伯特纸莎草书》，故以其购买者之名命名，现于大英博物馆展出。书中记载了拉美西斯九世统治期间发生的王陵盗掘丑闻。

斯拉美西斯四世陵墓内部 这座陵墓位于帝王谷，是上述盗墓审判案件中曾经由维西尔检查的陵墓之一，案件发生于拉美西斯家族统治末期，案件细节详细记载于保存完好的纸莎草文献中。

的记载较为详尽。不幸的是，这种无力感逐渐蔓延至内政，国家落入腐败官员之手，他们不断地从邻国入侵尼罗河流域中获利，甚至有时还会鼓励外敌入侵埃及。国王谷、王后谷以及贵族墓葬群曾遭到有计划的盗掘，进一步凸显出拉美西斯九世在维持内部秩序上的能力不足。陵墓盗掘事件甚至在维西尔兼底比斯市长卡莫阿塞特展开调查后仍旧继续发生，虽然这一系列调查让盗墓活动中断数年。

这段混乱时期的一大特点在于，尽管拉美西斯九世的统治时间足够长（18 年），如今仍然很难收集到他统治期间发生事件的相关信息。法老去世后，他的儿子拉美西斯十世继位。拉美西斯十世的有关信息缺失极为严重，甚至连他完整的王名头衔都无从知晓。在组成拉美西斯十世名字的 5 个王名头衔中，他的两女神名和金色荷鲁斯名都尚未可知。这种信息的缺失不仅仅是因为他的统治时间短暂，仅仅 9 年时间，还要部分归咎于考古学家，他们没有时间或是没有表现出足够的兴趣将发掘范围扩大至拉美西斯十世在帝王谷的陵墓（KV18）前方几米开外。无论如何，一个在位近十年的君主几乎没有留下任何相关文献资料，着实令人惊讶。

拉美西斯九世与玛阿特

在让·弗朗索瓦·商博良带队的考察过程中，法国埃及学家和他的同事希珀利托·罗塞利尼（Hipólito Rossellini）得以进入国王谷长期对外开放的王陵中参观。罗塞利尼在他的笔记本中大量临摹了墓墙上绘有的场景和人物，如上图中拉美西斯九世向诸神献上祭品玛阿特（正义）的壁画，这是君主日常举行的一个仪式。

拉美西斯十一世与底比斯的宗教

继拉美西斯十世之后加冕为两土地君主的拉美西斯十一世，可能是拉美西斯九世的儿子。与其父不同，他在位时间极长，部分文献中曾提及他即位第 27 年时所发生之事。不过，他的统治范围也仅局限于下埃及地区。

利比亚人的不断入侵和长时间的饥荒，导致底比斯地区陷入一片混乱之中，引起了人民的广泛不满。拉美西斯丨一世曾试图通过任命帕内赫斯（Panéhésy）为努比亚总督，来挽救底比斯地区的颓势，恢复军队内部秩序。然而，帕内赫斯前往底比斯上任后，与阿蒙神大祭司阿蒙霍特普（Amenhotep）的势力发生冲突，进而引发了“大祭司之战”。在迈迪纳特哈布围困阿蒙霍特普9个月后，帕内赫斯决心夺取更大的权力，于是他率军行至距离底比斯400公里的中埃及。不过，他的谋反企图没能成功，因为他被法老的军队驱赶回努比亚地区，这支军队的主将可能是皮恩克（Piânkh）将军。

当皮恩克将军返回底比斯后，他将帕内赫斯的头衔占为己有，并自封维西尔和阿蒙神大祭司。此外，他还夺取了埃及行政机构中权力最大的三项职能，发动政变，成为上埃及国王。埃及的“重生”自此开始，南部埃及的王室编年史全部清零，重新书写。几年后，皮恩克去世，他的妹夫赫里霍尔（Hérihor）继承他的全部头衔。历史资料的缺失引发了争议，目前对这一事实有两种解释。部分历史学家认为实际情况恰恰与上述论述相反，应该是皮恩克继承赫里霍尔的王位，开启埃及的复兴。皮恩克与赫里霍尔都生活在被埃及学家称为“新王国时期”的最后几年。在统治近30年后，拉美西斯十一世去世，赫里霍尔成为上埃及国王，斯蒙迪斯（Smendès）可能也是在此时成为三角洲地区的维西尔（注：之后夺取政权，掌控下埃及）。第20王朝至此终结。

《乌纳蒙的不幸遭遇》（*Les Mésaventures d'Ounamon*）对埃及国际声誉丧失的那段时期提供了最有说服力的描绘。这份纸莎草文稿中讲述了一个故事，部分学者认为，故事内容是以当时的官方文献记载为蓝本。故事的主人公是乌纳蒙，他受雇于赫里霍尔下辖的卡纳克阿蒙神庙，被派往比布罗斯为阿蒙神寻找修造圣船所需的木材。尽管在旅途中遭到盗窃，他仍然设法抵达比布罗斯，面见比布罗斯的统治者，希望他可以向埃及供应木材。由于此时的埃及不再强大，比布罗斯君主训斥了乌纳蒙，并向他出示官方登记册，以此表明尽管埃及有能力影响比布罗斯这座城市的命运，埃及此前也从未在没有支付合理费用前便获得木材。比布罗斯君主向乌纳蒙明确表示，两土地已经失去了作为强大帝国而享有的信誉，如今它不再具有赊账购买的能力。乌纳蒙不得不写信给斯蒙迪斯法老（下埃及法老），要求他以赫里霍尔（上埃及法老）和阿蒙神之名借款。数月之后，乌纳蒙收到了法老的借款，并在付款时再次遭到比布罗斯君主的羞辱。乌纳蒙最终得以带着木材返回埃及，但在榭克（cheker，亚洲的海上民族）人的航船追击下，他不得不在塞浦路斯海岸下船。鉴于纸莎草文稿保存不佳，故事结局究竟如何便无从知晓。

一个时代的终结

《乌纳蒙的不幸遭遇》为埃及这一个时代画上句号，这一时代以几世纪前底比斯的君主成功将希克索斯人驱逐出尼罗河流域为起点，法老的军队一路打到叙利亚-巴勒斯坦地区南部海岸，是这个对外扩张的时代所取得的第一项巨大成就。叙利亚-巴勒斯坦地区一直是埃及人企图占领的区域。埃及一直被视作这一地区的贸易大国之一，也是东地中海地区主要的政治角色之一。

统治雷特努（Retenou）地区对埃及社会有着重要影响，不仅仅因为埃及为了维持在当地的统治，第一次建立起一支专业军队，还因为“亚洲化”成为埃及的一种流行趋势，埃及人开始逐渐接受其他文化中的“异国情调”，并将它们融入埃及本土文化之中。不少来自外邦的神祇甚至可以进入埃及神庙，接受民众祭拜，如阿娜特（Anat）女神或阿施塔特（Ashtart）女神。雷特努地区除了拥有丰富的亚洲资源外，它的居民也在埃及定居下来，毫不费力地适应埃及本土文化。

我们在法老社会的各个阶层都可以发现雷特努人的踪影，有时可以从他们具有亚洲风格的名字或外号中知晓他们的出身。他们中的大多数是以战俘或奴隶的身份来到埃及，基本上是作为战利品分给战绩突出的埃及士兵。不过，由于埃及从来都不是一个奴隶社会，这一小部分人所产生的经济价值微不足道。另一部分人则是以专业工匠的身份来到埃及，有些人甚至前往德尔埃尔-梅迪纳，在帝王谷中兴建王陵。还有一部分人在埃及政府中谋得重要职务，甚至官居维西尔。与此同时，由于在努比亚地区的势力强大，埃及成功将本土文化融入这一地区，以至于努比亚君主最终成为法老传统的真正守护人，并在北部邻国嘲讽埃及软弱无力时，让它们体会到埃及的实力。

可能正是这种对外界的开放态度，为第三中间期外族人统治尼罗河流域（利比亚人统治的第 22 王朝和努比亚人统治的第 25 王朝）奠定了基础。拉美西斯三世子

阿蒙神大祭司拉美西斯-纳赫特的权力

第20王朝时期，相较于其他群体来说，尤其是阿蒙神祭司，法老王权的削弱程度更甚。这一点从世袭大祭司一职的拉美西斯-纳赫特家族中可以看出。阿蒙神大祭司拉美西斯-纳赫特不断增长的权力频繁与法老的王权发生冲突，因此，他曾多次招致君主的敌视。

拉美西斯四世统治时期，拉美西斯-纳赫特开启了自己的职业生涯，担任埃及最高的宗教职位——底比斯卡纳克神庙的阿蒙神大祭司。他一直担任阿蒙神大祭司直至拉美西斯九世统治时期，卸任后，由他的儿子阿蒙霍特普接任。通过与大祭司巴肯洪苏（Bakenkhonsou）家族（底比斯另一大家族）联姻，阿蒙霍特普成功巩固了自己的地位。拉美西斯-纳赫特曾亲自带队前往哈马马特旱谷采石场考察，寻找黄金和方铅矿。方铅矿是一种用来化妆的矿石，捣碎后可用作眼影。这次考察发生在拉美西斯四世统治时期，在他漫长的祭司生涯之初。从拉美西斯-纳赫特的职业生涯中，可以清楚看到新王国末期法老权威逐渐下降的整个过程。

托特神（Thot） 伏在拉美西斯-纳赫特头上的狒狒是一种神圣动物，象征着书吏的守护神托特。新王国时期的大量雕塑是以书吏向托特神献祭并受到神祇庇佑的形象雕刻而成，在这些雕塑中，托特神都是以狒狒的形象出现，仔细观察这些献祭者。这幅雕塑作品的独创性在于，狒狒并不是立在拉美西斯-纳赫特身侧，而是伏在他头顶，象征着对他的保护。

书吏雕像 雕像身上因肥胖而堆起的赘肉，突出了祭司当时的社会地位，一个营养丰富的上层人士。他的双膝上放着一张纸莎草纸，主要是用来书写神圣文字。这尊第20王朝阿蒙神大祭司雕像出自卡纳克的阿蒙神庙，现存于开罗埃及博物馆。

孙统治的那段动荡不安且鲜为人知的时期，标志着埃及历史的一个转折点，敲响了一个时代终结的丧钟，也吹响了另一个时代开始的号角——第三中间期。

拉美西斯家族历经了法老统治史上最好的阶段，也经历了最坏的阶段。之所以说最好，是因为拉美西斯三世统治时期繁荣昌盛，王权得以保留（尽管向神庙献祭了大量祭品，尤其是向卡纳克的阿蒙神庙），并在一定程度上让混乱远离尼罗河流域。而又称之为最坏，则是因为拉美西斯三世清楚地感受到社会性腐败在整个国家蔓延。这一点从对他的暗杀和他的继任者的重要性降低中可以看出。在今人看来，拉美西斯家族的统治完美地拉开了第三中间期这个非中央集权时代的序幕。

阿蒙神祭司的权力

第 20 王朝末期，国家仰赖于祭司履行君主权力，其中最重要的人物是卡纳克的阿蒙神大祭司（见上图，浮雕中描绘了以公羊首形象出现的阿蒙神，及其上方以太阳圆盘形象出现的拉神）。

附　录

插图（左侧） 刻有法老详细名单的彩色石灰石浮雕，雕刻于第19王朝，出自阿拜多斯的拉美西斯二世神庙（大英博物馆，伦敦）。

新王国时期的埃及

阿尔戈斯
斯巴达
米洛斯
德洛斯
斯拉
米莱托
科斯
哈利卡纳索斯
罗德岛
克里特
克诺索斯
法伊斯托
帕雷卡斯特罗
哈西拉
阿扎瓦
加泰土丘
赫梯
图赫斯山
塔尔苏斯
阿达纳
米坦尼
卡尔凯美什
阿拉拉赫
阿勒颇
埃马尔
乌加里特
埃博拉
阿拉西亚
（塞浦路斯）
萨拉米斯
帕福斯
地中海
卡特纳
卡迭石
泰德穆尔
（帕尔米尔）
卡迭石之役（公元前1274
拉美西斯二世减缓了赫梯
张，并与之签署了一项确
地区边界的和平协定。
比布罗斯
西顿
提尔
大马士革
夏琐
美吉多
约帕
雷特努
耶路撒冷
加沙
以东
叙利亚沙漠
海上民族
（约公元前1175年）
利比亚人
扎维耶特-乌姆-埃尔-拉卡姆
（帕雷托尼翁）
博托
赛斯
塔尼斯
特迦鲁
贝鲁斯
阿瓦利斯
培尔-拉美西斯
赫利奥波里斯
孟菲斯
阿摩西斯（公元前1550年—公元前1525年）
将希克索斯人从三角洲地区驱逐至巴勒斯坦
地区。
锡瓦绿洲
法尤姆
赫拉克洛波利斯
马格纳
尼罗河
巴哈里耶绿洲
奥克西林科斯
马格哈拉旱谷
赫尔莫普利斯
埃尔-阿玛尔纳丘地
（埃赫纳吞）
库塞
亚西乌特
埃尔-拜达里
法拉菲拉绿洲
提斯
阿拜多斯
丹达腊
科普托斯
科赛尔
菲洛泰拉斯
底比斯
哈里杰绿洲
达卡拉绿洲
埃尔卡布
埃德福
库尔库尔绿洲
阿斯旺
第一瀑布
杜恩古尔绿洲
贝内尼斯
红海
布亨
米尔吉萨
第二瀑布
哈尔法旱谷
阿斯古特
丹戈尔
塞利玛绿洲
阿美诺菲斯一世（公元前1525年—公元前1504年）
将埃及疆域扩张至第四瀑布。
新王国时期埃及疆域的最大扩张范围
第三瀑布
科玛
卡瓦
库古斯
第四瀑布
纳帕塔
第五瀑布
苏阿金
哈特谢普苏特女王远征
扩张区域
埃　及
新王国时期
金字塔
绿洲
商路
新王国时期的矿脉
埃及要塞
灌溉田
埃及与赫梯有争端的区域
埃及影响下的巴勒斯坦地区
埃及与赫梯和平协议中划定的边界

尼罗河三角洲
梅迪巴
梅特里斯
埃尔-哈穆勒
狄奥斯波利-帕瓦
博托
德苏克
埃尔-哈姆拉
道瓦尔
阿米利亚
索伊斯
曼苏拉
赫尔莫普利斯-帕瓦
赛斯
埃尔-马哈拉
埃尔-库布拉
塞本尼托
门德斯
塔尼斯
贝鲁斯
布西里斯
思穆伊斯
诺克拉提斯
纳巴沙
西里
苏姆巴特
达芙妮
辛亚特
塔尔-拉美西斯
阿匹斯
阿布雅辛丘地
阿瓦利斯
伊玛乌
坦塔
齐夫塔
利恩托卜里
希宾库姆
布巴提斯
本哈
阿提比斯
佩尔苏普
西隆波利斯（比东）
比尔贝伊斯
图赫
梅里姆德
（贝尼-萨拉姆）
利安托波利斯
勒托波利斯
赫利奥波里斯
下埃及
阿布洛奇
吉萨
迈哈迪
扎乌伊特-埃尔-阿利安
图拉
阿布西尔
埃尔-奥马里
萨卡拉
赫勒万
孟菲斯
西部沙漠
达丘尔
加拉维旱谷
东部沙漠
红海
米尼亚
利希特
卡斯-埃尔-萨迦
马迪内-迪迈
塔尔汉
法尤姆绿洲
埃尔-哈曼
盖尔扎
辛努里斯
狄奥尼西亚斯
塞拉
阿芙洛蒂托波利斯
美杜姆
法尤姆
克罗克狄洛波利斯
埃尔-迈蒙
哈瓦拉
纳姆迪斯
埃尔-拉霍恩
赫拉克洛波利斯
马格多拉
泰布图尼斯
贝尼苏韦夫
德沙什
尼罗河
比巴
尤瑟夫
安基洛诺波利斯

对照年表

古代埃及新王国时期

公元前 1550 年—公元前 1479 年

第 18 王朝（阿摩西斯-哈特谢普苏特）

- 卡摩西与阿摩西斯将希克索斯人驱逐出尼罗河流域
- 哈特谢普苏特以她的侄子兼女婿图特摩斯三世的名义独自统治埃及
- 远征蓬特王国

文化成就：

- 在底比斯帝王谷中建造第一批王室陵墓
- 德尔埃尔 - 巴哈里神庙的建造在森穆特的监督下完成

公元前 1479 年—公元前 1352 年

第 18 王朝（图特摩斯三世-阿美诺菲斯三世）

- 图特摩斯三世在近东的战役
- 图特摩斯三世远征努比亚
- 阿美诺菲斯三世与埃赫纳吞之母提伊成婚

文化成就：

- 阿美诺菲斯三世在卢克索的神庙
- 门农巨像
- 远征蓬特王国
- 图特摩斯三世年鉴

公元前 1352 年—公元前 1295 年

第 18 王朝（埃赫纳吞-霍伦希布）

- 埃赫纳吞建立太阳神崇拜的一神教，建立新都埃赫塔吞（埃尔-阿玛尔纳丘地）
- 图坦卡蒙回归多神教崇拜，重建底比斯的宗教首都和孟菲斯的行政首都
- 将军阿伊和霍伦希布是第 18 王朝最后两位法老

文化成就：

- 阿玛尔纳现实主义
- 阿玛尔纳书简

近东与美索不达米亚

公元前 1650 年—公元前 1500 年

赫梯：

- 哈图西勒一世（Hattousil Ier）建立赫梯古王国，定都哈图沙什（Hattousas）
- 穆尔施利一世（Moursil Ier）击败胡里安人，攻占阿勒颇和巴比伦

米坦尼：

- 米坦尼王国巅峰时期

加喜特：

- 阿古姆二世（Agoum Ⅱ）建立美索不达米亚历史上最长的王朝

文化成就：

- 铁列平（Télépinu）敕令
- 拼音字母在叙利亚发明

公元前 1500 年—公元前 1400 年

赫梯：

- 铁列平去世后，赫梯王国开始衰落
- 图德哈里亚一世建立赫梯帝国并开始对外扩张

加喜特：

- 巩固领土统治，巴比伦成为占据整个美索不达米亚地区的加喜特王国都城

公元前 1400 年—公元前 1300 年

赫梯：

- 在萨皮鲁琉马斯一世（公元前 1344—公元前 1322）统治时期，赫梯帝国扩张最大化

米坦尼：

- 米坦尼最后一任君主图什拉塔彻底臣服于赫梯

亚述：

- 亚述乌巴利特一世（Assur-Uballit Ier）建立中亚述帝国，对抗赫梯人，平定米坦尼地区

文化成就：

- 阿拉加霍裕克（Alacahöyük）的巨大狮身人面像

其他文明

公元前 1650 年—公元前 1500 年

- **欧洲：**迈锡尼墓圈 A
- **亚洲：**雅利安人摧毁印度河流域的文明并在印度北部定居
- 中国商朝与表意文字的发展
- **美洲：**墨西哥提瓦坎流域第一批定居民族
- 木薯种植

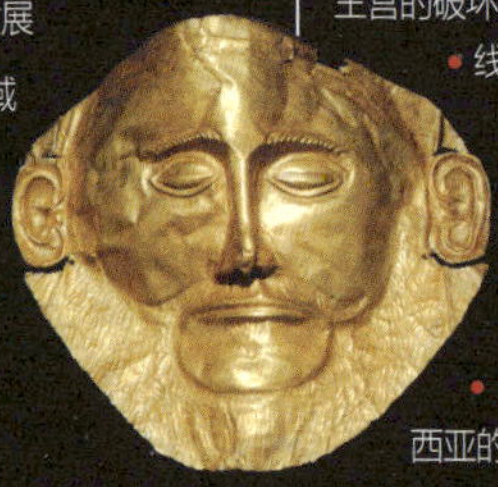

公元前 1500 年—公元前 1400 年

- **欧洲：**西欧和斯堪的纳维亚（Scandinavie）进入青铜时代
- 米诺斯文明的崩溃与克诺索斯（Cnossos）王宫的破坏
- 线性文字 B
- **亚洲：**泰国东北部及越南北部进入青铜时代
- 印度第一批吠陀（Veda）经典的写作。梵天（Brahma）崇拜
- **大洋洲：**印度尼西亚和波利尼西亚的拉皮塔（Lapita）文化

公元前 1400 年—公元前 1300 年

- **欧洲：**迈锡尼陶瓷技术在地中海地区传播
- **亚洲：**铁在小亚细亚和印度地区的使用
- 中国商朝盘庚从二里岗迁都至殷（如今的安阳）
- **美洲：**路易斯安那波弗蒂角（Poverty Point）土冢的建造

公元前 1295 年—公元前 1186 年

第 19 王朝（拉美西斯一世–陶沃斯蕾特）

- 拉美西斯一世建立第 19 王朝
- 塞提一世恢复埃及繁荣
- 拉美西斯二世军队与赫梯–米坦尼强大联军之间的卡迭石之役
- 梅伦普塔统治时期打击企图入侵的海上民族

文化成就：

- 阿布辛贝神庙
- 卡纳克神庙多柱式大厅的建造
- 亡灵书

公元前 1186 年—公元前 1069 年

第 20 王朝（塞特纳赫特–拉美西斯十一世）

- 塞特纳赫特开创第 20 王朝并将外族人驱逐出埃及
- 拉美西斯三世击退海上民族盟友利比亚人的进攻
- 底比斯神职人员占据主导地位，与法老平起平坐

文化成就：

- 在迈迪纳特哈布建造拉美西斯三世神庙
- 艺术衰退时期开始
- 帝王谷墓葬群被盗掘

公元前 1300 年—公元前 1200 年

亚述：

- 中亚述帝国的巅峰与衰落
- 海上民族摧毁赫梯帝国

文化成就：

- 乔加–赞比尔庙塔（la ziggourat de Tchoga-Zanbil）的建造
- 地震摧毁特洛伊 Ⅵ（赫梯城）
- 赫梯亚泽勒卡亚（Yazilikaya）圣地的纪念性浮雕

公元前 1200 年—公元前 1000 年

埃兰：

- 舒特鲁克–纳洪特（Shutruk-Nahhunté）击败加喜特人，建立第一个埃兰帝国

巴比伦：

- 在征服埃兰、对抗亚述的尼布甲尼撒一世统治下，巴比伦重拾往昔荣光

亚述：

- 提格拉–帕拉萨三世（Teglath-Phalasar Ⅲ）击退巴比伦人，攻占巴比伦都城

文化成就：

- 巴比伦的创世史诗 Enuma Elish（注：又被称为“创世的七块泥板”）

公元前 1300 年—公元前 1200 年

- **欧洲：**迈锡尼文明的衰落与崩溃，海上民族的入侵
- **美洲：**秘鲁查文（Chavín）文化发展
- 在安第斯山脉开垦第一批梯田
- **大洋洲：**美拉尼西亚（Mélanésie）居民抵达斐济（Fidji），前往波利尼西亚

公元前 1200 年—公元前 1000 年

- **欧洲：**伊特鲁里亚人抵达意大利
- 巴利阿里群岛与撒丁岛上的庞大建筑
- 骨灰瓮文化（注：欧洲青铜时代晚期文化，以其独特的葬具骨灰瓮而得名）、哈尔施塔特文化 A 期与 B 期巅峰
- 多里安人可能在这一时间段抵达伯罗奔尼撒半岛
- **亚洲：**在中国，周朝取代商朝
- **美洲：**中美洲奥尔梅克文明的开端

王朝年表

新王国时期

第18王朝	公元前1550年—公元前1295年
阿摩西斯-内布普赫提拉	公元前1550—公元前1525
阿美诺菲斯一世-乔塞尔卡拉	公元前1525—公元前1504
图特摩斯一世-阿赫佩尔卡拉	公元前1504—公元前1492
图特摩斯一世-阿赫佩雷拉	公元前1492—公元前1479
哈特谢普苏特-玛阿特卡雷	公元前1479—公元前1457
图特摩斯三世-孟赫佩拉	公元前1479—公元前1425
阿美诺菲斯二世-阿赫佩鲁拉	公元前1425—公元前1400
图特摩斯四世-孟赫佩鲁拉	公元前1400—公元前1390
阿美诺菲斯三世-内布玛阿特拉	公元前1390—公元前1352
阿美诺菲斯四世/埃赫纳吞-内菲赫佩鲁拉-乌阿恩拉	公元前1352—公元前1336
斯蒙赫卡拉（内芙尔娜芙鲁阿吞）	公元前1338—公元前1336
图坦卡蒙-内布赫佩拉	公元前1336—公元前1327
阿伊-赫佩尔赫佩拉	公元前1327—公元前1323
霍伦希布-齐塞尔赫佩拉	公元前1323—公元前1295

第19王朝	公元前1295年—公元前1186年
拉美西斯一世-门佩赫特拉	公元前1295—公元前1294
塞提一世-门玛阿特	公元前1294—公元前1279
拉美西斯二世-乌瑟玛瑞-塞特潘利	公元前1279—公元前1213
梅伦普塔-巴恩拉	公元前1213　公元前1203
塞提二世-乌瑟赫佩拉-塞特潘利	公元前1203—公元前1194
阿蒙梅西-门米拉	公元前1201—公元前1200
西普塔-阿肯拉-塞特潘利	公元前1194—公元前1188
陶沃斯蕾特-萨特拉-梅里塔蒙	公元前1188—公元前1186

第20王朝	公元前1186年—公元前1069年
塞斯纳赫特-乌瑟赫佩拉-塞特潘利	公元前1186—公元前1184
拉美西斯三世-乌瑟玛阿特-梅里阿蒙	公元前1184—公元前1153
拉美西斯四世-赫卡玛阿特-塞特潘阿蒙	公元前1153—公元前1147
拉美西斯五世-乌瑟玛阿特-塞特潘利	公元前1147—公元前1143
拉美西斯六世-内布玛阿特-梅里阿蒙	公元前1143—公元前1136
拉美西斯七世-乌瑟玛阿特-塞特潘利-梅里阿蒙	公元前1136—公元前1129
拉美西斯八世-乌瑟玛阿特-阿肯纳蒙	公元前1129—公元前1126
拉美西斯九世-内菲卡拉-塞特潘利	公元前1126—公元前1108
拉美西斯十世-凯布利玛阿特拉-塞特潘利	公元前1108—公元前1099
拉美西斯十一世-门玛阿特-塞特潘普塔	公元前1099—公元前1069

注：对于埃及人来说，日期并不能仅通过一个时间点确定。事实上，每位君主的统治均从即位第一年开始计算。为了精确定义古代埃及年表，我们有必要了解三千年法老统治时代每位统治者的确切在位时间及即位顺序。但是，值得注意的是，例如几年前发现的铭文将基奥普斯（Khéops）的统治时间延长了两年，又或是最近一位名为乌瑟卡拉（Ouserkarê）的不知名法老被列入第6王朝的年表之中，王朝年表只能算是一个近似值，为读者提供一个参考框架。上述年表与尼可拉斯•格里马尔（Nicolas Grimal）的《古埃及历史》一书中现今最广泛使用的年表略有不同。

底比斯神庙与墓葬

东岸

卢克索神庙（献给阿蒙神；第18—19王朝）

卡纳克神庙群（献给阿蒙神及其他神祇，始建于第17王朝）：

- •阿蒙–拉神庙（主要由塞提一世和拉美西斯二世建造）
- •孟图神庙
- •穆特神庙
- •洪苏神庙
- •欧佩特神庙
- •普塔神庙
- •埃赫纳吞神庙（已毁）

西岸

王室墓葬：帝王谷（62座陵墓），王后谷（98座陵墓），贵族墓（400座陵墓）。下列列表中仅包含最重要的陵墓。

帝王谷（划分为两部分，最重要的一部分以首字母KV（Kings Valley，帝王谷）表示，另一部分缩写为WV（West Valley，Vallée de l'Ouest，西谷）。

第18王朝陵墓：

- •图特摩斯三世（KV 34）
- •阿美诺菲斯二世（KV 35）
- •图特摩斯四世（KV 43）
- •埃赫纳吞（KV 55）
- •图坦卡蒙（KV 62）
- •阿伊（WV 23）
- •霍伦希布（KV 57）

第19王朝陵墓：

- •拉美西斯一世（KV 16）
- •塞提一世（KV 17）
- •拉美西斯二世（KV 7）
- •拉美西斯二世之子（KV 5）
- •梅伦普塔（KV 8）
- •陶沃斯蕾特/塞特纳赫特（KV 14）

第20王朝陵墓：

- •拉美西斯三世（KV 11）
- •拉美西斯四世（KV 2）
- •拉美西斯五世与拉美西斯六世（KV 9）
- •拉美西斯七世（KV 1）
- •拉美西斯九世（KV 6）

王后谷（缩写为QV，Queens Valley；自第18王朝起，王子、公主及大臣墓，自第19王朝起，拥有“王室大妃”的王后墓，自第20王朝起，法老子女之墓）。

王后墓：

- •奈菲尔塔利（QV 66）

拉美西斯三世子女之墓：

- •卡莫阿塞特（QV 44）
- •阿蒙赫普谢夫（QV 55）

平民墓：德尔埃尔–梅迪纳与贵族墓。

德尔埃尔–梅迪纳（以首字母缩写TT表示，意为“底比斯陵墓”，图特摩斯一世建造的工匠墓地）。

- •塞内杰姆（TT 1），塞提一世与拉美西斯二世统治时期“真理之地”（Place de la Vérité）的仆人
- •伊内考（Inerkhaou，TT 359），拉美西斯三世与拉美西斯四世统治时期“真理之地”的负责人
- •帕谢杜（Pashedou，TT 3），塞提一世统治时期“真理之地”的仆人

贵族墓（缩写为TT，意为“底比斯陵墓”，重要人物及大臣之墓）。

- •卡姆哈特（Khaêmhat，TT 57），阿美诺菲斯三世的王室书吏
- •塞内菲尔（Sennefer，TT 96），阿美诺菲斯二世统治时期的底比斯市长
- •雷克麦尔（TT 100），图特摩斯三世与阿美诺菲斯二世统治时期的维西尔
- •纳赫特（TT 52），图特摩斯四世统治时期的书吏兼天文学家
- •门纳（Menna，TT 69），图特摩斯四世的书吏
- •拉莫斯（TT 55），埃赫纳吞统治时期的底比斯总督
- •洪苏（TT 31），图特摩斯三世的第一位先知
- •乌瑟哈特（Ouserhat，TT 51），图特摩斯二世王室卡（ka）的第一位先知
- •贝尼亚（Benia，TT 343），图特摩斯三世统治时期的工程监督人

百万年神庙：新王国时期法老的祭庙

德尔埃尔–巴哈里神庙（包含中王国时期第11王朝法老门图霍特普二世神庙）：

- •图特摩斯三世神庙（第18王朝）
- •哈特谢普苏特神庙（第18王朝）

塞提一世神庙（第19王朝）

拉美西姆或拉美西斯二世神庙（第19王朝）

阿美诺菲斯三世神庙的门农巨像（第18王朝）

迈迪纳特哈布或拉美西斯三世神庙（第20王朝）

图书在版编目（CIP）数据

埃及帝国 / 美国国家地理学会编著；杨依译. --北京：现代出版社, 2022.1

（美国国家地理全球史）

ISBN 978-7-5143-9626-3

Ⅰ. ①埃… Ⅱ. ①美… ②杨… Ⅲ. ①埃及－历史 Ⅳ. ①K411

中国版本图书馆CIP数据核字(2021)第238960号

版权登记号：01-2021-6984

由北京久久梦城文化发展有限公司代理引进

埃及帝国（美国国家地理全球史）

编 著 者：美国国家地理学会
译　　者：杨　依
策划编辑：吴良柱
责任编辑：张　霆　袁子茵
内文排版：北京锦创佳业文化传播有限公司
出版发行：现代出版社
通信地址：北京市安定门外安华里504 号
邮政编码：100011
电　　话：010-64267325　64245264（兼传真）
网　　址：www.1980xd.com
电子邮箱：xiandai@vip.sina.com
印　　刷：北京瑞禾彩色印刷有限公司

开　　本：710mm*1000mm 1/16
印　　张：14.25　　字　　数：205千
版　　次：2022年1月第1版　　印　　次：2022年1月第1次印刷
书　　号：ISBN 978-7-5143-9626-3
定　　价：76.00元